외국어 전문 출판
(주)동인랑

동인랑의 다양한 **외국어**교재들

간단한 기초회화부터 최신 정보가 가득한
여행 회화서까지 정말 다양한 어학교재!

영어, 일본어, 중국어는 물론
독일어
프랑스어
스페인어
브라질어
이태리어
러시아어
인도네시아어
베트남어에 이르기까지 세계속의 언어를 만나실 수 있습니다.
새로운 언어를 만나는 것은 새로운 세상을 만나는 것과 같습니다.
단순한 언어학습뿐만 아니라 여러분의 **보다 넓은 세상**으로
나가는 발판이 되겠습니다.

www.donginrang.co.kr

(주)동인랑

홈페이지에서 **외국어**를 더욱 가깝게 느껴보세요.

일주일에 한번씩
홈페이지에서 제공하는
재미있는
영어
일본어
중국어 회화를 배워보세요.

오랜 전통과 풍부한 경험을 바탕으로 한국인에게 꼭 맞는 교재들만 만들고 있습니다.

*(주)동인랑*에서는 참신한 외국어 원고를 모집합니다

여러분의 외국어 학습에는 언제나
(주)동인랑이 성실한 동반자가 되어줄 것입니다.

우리말로 배우는
일본어 회화

동인랑

일본어를 처음 시작하는 분들에게

흔히들 일본어를 배우기 쉬운 언어, 한국인이 가장 빠르게 마스터할 수 있는 언어라고들 한다. 하지만 실제는 '아, 역시 그리 쉽지는 않구나!' 라는 것이다.

이 책은 초보자도 쉽고 빠르고 가볍게 접근하도록 힘썼다. 또한 문자부터 차근차근 시작하고 회화예문도 **일상에서 가장 많이 쓰이는 유용한 표현**만을 골라 실제 회화에 바로 사용할 수 있도록 하였으며, 그 효과를 배가시키기 위해 비슷한 **패턴의 유형을 연습**할 수 있도록 하였다.

배우고자 하는 욕구에 십분 부응하는 좋은 교재가 되도록 노력하였음을 자부하는 바이며, 아래와 같이 학습해 나간다면 학습효과가 더욱 좋을 것이다.

이 책의 구성과 활용방법

기초문자 익히기

기본적인 문장구조

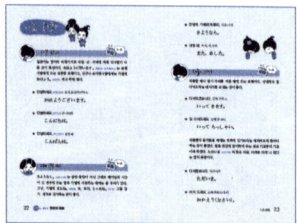

일상회화를 위한 기초회화

이|책|은|이|렇|게|활|용|하|자

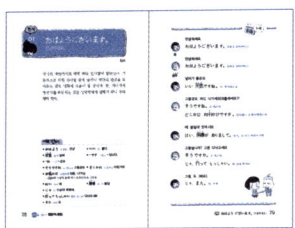

우리말 발음으로 배우는
실제 일본어회화와 새로운 단어

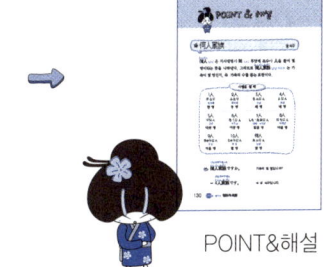

POINT&해설

패턴연습

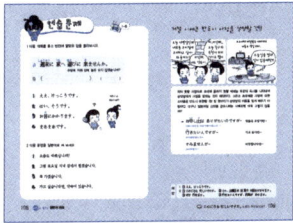

연습문제   알짜배기 Tip

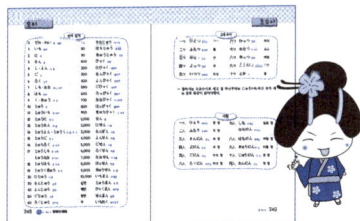

부록

꼭 알아야 할 한·일 단어

차 례

책을 열며 ... 2   이 책의 구성과 활용방법 ... 2

발음과 기초회화   6

오늘의 일본어	... 6	일본어의 문자	... 9
일본어의 발음	... 12	기본적인 문장구조	... 20
기초회화	... 22		

| 기본인사 ... 22 | 헤어질 때 ... 22 | 외출·귀가 ... 23 | 안부 ... 24 |
| 감사 ... 24 | 사과 ... 25 | 자리를 뜰 때 ... 25 | 식사 ... 26 |

본문   27

인사 01 おはよう ございます。 안녕하세요.   ... 28

02 久しぶりですね。 오래간만이군요.   ... 36

03 どうぞ よろしく。 잘 부탁합니다.   ... 44

쇼핑 04 これは 何ですか。 이것은 무엇입니까?   ... 52

05 これは いくらですか。 이것은 얼마입니까?   ... 60

06 試着しても いいですか。 입어 봐도 됩니까?   ... 68

07 この MP3は いくらですか。 이 MP3는 얼마입니까?   ... 78

08 全部で 1万円です。 전부 만엔입니다.   ... 86

09 デザインが 気に 入りません。 디자인이 마음에 들지 않습니다.
   ... 94

초대·방문 10 このごろも 忙しいですか。 요즘도 바쁘십니까?   ... 102

11 どうぞ お上がりください。 어서 들어오세요. … 110

12 今 何時ですか。 지금 몇 시입니까? (대화) … 118

13 大家族ですね。うらやましいです。 대가족이네요. 부럽군요. … 128

14 どこに 住んで いますか。 어디에 살고 있습니까? … 136

15 今夜 映画を 見に 行きませんか。
오늘밤 영화를 보러 가지 않겠습니까? … 146

16 スパゲッティを お願いします。 스파게티를 부탁합니다. (식사) … 156

17 チーズバーガーセット 2つ ください。 치즈버거 세트 2개 주세요. … 168

18 さしみ定食を ください。 회정식을 주십시오. … 176

19 原宿へ 行きたいんですが、どうやって 行きますか。
하라주쿠에 가고 싶은데, 어떻게 가면 됩니까? (교통) … 186

20 あそこの 前で 止めて ください。 저기 앞에서 세워 주세요. … 196

21 何番バスに 乗れば いいですか。 몇 번 버스를 타면 됩니까? … 204

22 いつ 仕上がりますか。 언제 다 됩니까? (일상생활) … 212

23 20日までに 遅れないように 返して ください。
20일까지 늦지 않도록 돌려주세요. … 220

24 切らずに このまま お待ちいただけますか。
끊지 말고 기다려 주시겠습니까? (전화) … 230

25 お話し中です。 통화중입니다. … 238

부록   **247**

숫자 … 248　　　　조수사 … 249　　　　な형용사 … 253

동사의 활용 … 256　　꼭 알아야 할 한·일단어 … 264

오늘의 일본어

★ 표준어

✦ 문법

★ 구어체와 문어체

자~
구어체란,

이 책에 수록된 단어와 문장으로
현재 일본에서 사용되고 있는 말을 해.
문장이 간략하고 이해하기 쉽지.

아하, 그렇구나!

★ 특징

또한 일본어는
경어법 敬語法 이 발달해 있고,
한자를 많이 사용하지.

액센트는 지방마다 특색이 있지만,
액센트가 달라서 문장을 이해하지 못하는 경우는 별로
없기 때문에 초보자는 그다지 신경 쓰지 않아도 돼.
그래도 처음 일본어를 익힐때 원어민이 녹음한
Tape를 들으면서 따라하는 것이 좋아.

일본어의 문자

※ ひらがな 히라가나

일본의 글자는 3종류로 되어 있어.

우리말 = 자음 + 모음

일본어 = ひらがな(히라가나) + カタカナ(카타카나) + 漢字(한자)

ひらがな 와 カタカナ 는 일본 고유의 문자이며, 이 두 문자를 보통 かな(가나) 라고 해.

ひらがな(히라가나)란 カタカナ(카타카나)랑 어떻게 다른거야?

먼저, ひらがな(히라가나)란~, 한자의 까다로운 획수를 줄여서 간단하고 부드럽게 흘림체로 만든 글자야~

安 ⇨ あ(아)

오늘날 모든 문장, 인쇄, 필기 등에 고루 쓰이는 일본어의 기본문자야.

끄덕~끄덕~

일본어의 문자 9

★ カタカナ 카타카나

カタカナ 카타카나 도 설명해줘야지~

カタカナ 카타카나 란~
한자의 일부분만을 따내거나 획을 간단히 해서 만든 문자야. 외래어·의성어·의태어·인명·지명 등에 사용되고, 문장을 강조할 때도 사용되고 있지.

加 ⇨ 力 가

아~

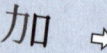

★ 漢字 한자

한자는 말 안해도 알지?

한자가 너무 어려워서 잠깐 머리 식히고 있어~

우리나라·일본·중국은 모두 漢字 한자 를 쓰는 한자문화권 이라서 한자를 간과하고 지나갈 수는 없어.

일본어의 발음

✦ 오십음도

일본어의 **ひらがな** 히라가나와 **カタカナ** 카타카나를 발음체계에 따라 5단段·10행行으로 나열해 놓은 것을 **오십음도** 五十音図라고 한다.

ひらがな 히라가나

行＼段	あ단	い단	う단	え단	お단
あ행	あ 아 a	い 이 i	う 우 u	え 에 e	お 오 o
か행	か 까 ka	き 끼 ki	く 꾸 ku	け 께 ke	こ 꼬 ko
さ행	さ 사 sa	し 시 shi	す 스 su	せ 세 se	そ 소 so
た행	た 따 ta	ち 찌 chi	つ 쯔 tsu	て 떼 te	と 또 to
な행	な 나 na	に 니 ni	ぬ 누 nu	ね 네 ne	の 노 no
は행	は 하 ha	ひ 히 hi	ふ 후 hu	へ 헤 he	ほ 호 ho
ま행	ま 마 ma	み 미 mi	む 무 mu	め 메 me	も 모 mo
や행	や 야 ya	い 이 i	ゆ 유 yu	え 에 e	よ 요 yo
ら행	ら 라 ra	り 리 ri	る 루 ru	れ 레 re	ろ 로 ro
わ행	わ 와 wa	い 이 i	う 우 u	え 에 e	を 오 o
	ん 응 n,m,ŋ				

カタカナ 카타카나

行\段	ア단	イ단	ウ단	エ단	オ단
ア행	ア 아 a	イ 이 i	ウ 우 u	エ 에 e	オ 오 o
カ행	カ 까 ka	キ 끼 ki	ク 꾸 ku	ケ 께 ke	コ 꼬 ko
サ행	サ 사 sa	シ 시 shi	ス 스 su	セ 세 se	ソ 소 so
タ행	タ 따 ta	チ 찌 chi	ツ 쯔 tsu	テ 떼 te	ト 또 to
ナ행	ナ 나 na	ニ 니 ni	ヌ 누 nu	ネ 네 ne	ノ 노 no
ハ행	ハ 하 ha	ヒ 히 hi	フ 후 hu	ヘ 헤 he	ホ 호 ho
マ행	マ 마 ma	ミ 미 mi	ム 무 mu	メ 메 me	モ 모 mo
ヤ행	ヤ 야 ya	イ 이 i	ユ 유 yu	エ 에 e	ヨ 요 yo
ラ행	ラ 라 ra	リ 리 ri	ル 루 ru	レ 레 re	ロ 로 ro
ワ행	ワ 와 wa	イ 이 i	ウ 우 u	エ 에 e	ヲ 오 o
	ン 응 n,m,ŋ				

- ♦ **단**段이란 오십음도에서 세로로 나열되어 있는 것을 말한다.
- ♦ **행**行이란 가로로 다섯 개씩 나열되어 있는 것을 말한다.
- ♦ 색이 다른 것은 예전에는 있었으나 지금은 없어진 발음이다.

★ 청음 清音

오십음도에 나오는 **かな**로 그 옆에 [゛: 니고리], [゜: 마루]와 같은 표시가 없는 소리, 즉 성대의 진동이 없는 맑은 소리를 말한다.

1. 모음 母音

| あ[a] | い[i] | う[u] | え[e] | お[o] |

- **あい**　愛 사랑 (아이)
- **うえ**　上 위 (우에)

2. 반모음 半母音

| や[ya] | ゆ[yu] | よ[yo] |

- **やま**
  山 산 (야마)

3. 자음 子音 : 오십음 중에서 모음과 반모음을 제외한 음절

- **きく**　菊 국화 (기꾸)
- **さかな**　魚 생선 (사까나)

4. 발음 撥音

ん [n] [m] [ŋ]

- **しんぶん**
  新聞 신문 (심붕)

★ 탁음 濁音

かな에 탁점 [゙ : 니고리]가 붙은 글자로, 성대를 울려 내는 소리를 말한다.
か・さ・た・は행에 붙는다.

が 가[ga]	ぎ 기[gi]	ぐ 구[gu]	げ 게[ge]	ご 고[go]
ざ 자[za]	じ 지[zi]	ず 즈[zu]	ぜ 제[ze]	ぞ 조[zo]
だ 다[da]	ぢ 지[zi]	づ 즈[zu]	で 데[de]	ど 도[do]
ば 바[ba]	び 비[bi]	ぶ 부[bu]	べ 베[be]	ぼ 보[bo]

- **がくぶち** 　額縁 액자　(가꾸부찌)
- **そで** 　袖 소매　(소데)
- **ざせき** 　座席 좌석　(자세끼)
- **ぶた** 　豚 돼지　(부따)

★ 반탁음 半濁音

かな에 반탁점 [゜ : 마루]가 붙은 글자로, は행에 붙는다.
ㅍ과 ㅃ의 중간 소리가 난다. 2음절이하나 의성·의태어의 경우에는 ㅃ에 가깝게 발음된다.

ぱ 파[pa]	ぴ 피[pi]	ぷ 푸[pu]	ぺ 페[pe]	ぽ 포[po]

- **いっぱい** 　가득　(입빠이)
- **ぴかぴか** 　반짝반짝　(삐까삐까)

요음 拗音

き・ぎ・し・じ・ち・ぢ・ひ・び・ぴ・に・み・り 옆에 や・ゆ・よ를 작게 써서 한 음절로 발음한다.

きゃ 꺄[kya]	きゅ 뀨[kyu]	きょ 꾜[kyo]
しゃ 샤[sha]	しゅ 슈[shu]	しょ 쇼[sho]
ちゃ 쨔[cha]	ちゅ 쮸[chu]	ちょ 쬬[cho]
にゃ 냐[nya]	にゅ 뉴[nyu]	にょ 뇨[nyo]
ひゃ 햐[hya]	ひゅ 휴[hyu]	ひょ 효[hyo]
みゃ 먀[mya]	みゅ 뮤[myu]	みょ 묘[myo]
りゃ 랴[rya]	りゅ 류[ryu]	りょ 료[ryo]
ぎゃ 갸[gya]	ぎゅ 규[gyu]	ぎょ 교[gyo]
じゃ 쟤[ja]	じゅ 쥬[ju]	じょ 죠[jo]
びゃ 뱌[bya]	びゅ 뷰[byu]	びょ 뵤[byo]
ぴゃ 퍄[pya]	ぴゅ 퓨[pyu]	ぴょ 표[pyo]

- **きゃく** 客 (갸꾸) 손님
- **ちゅうい** 注意 (쮸–이) 주의
- **しゅじん** 主人 (슈징) 주인
- **きんぎょ** 金魚 (깅교) 금붕어

★ 촉음 促音

글자와 글자 사이에 작은 っ로 표시하며, 우리말의 받침과 같은 구실을 한다.

| っ + か 행 ⇨ ㄱ |

- **がっこう**
  각꼬-
  学校 학교

| っ + さ 행 ⇨ ㅅ |

- **ざっし**
  잣시
  雑誌 잡지

| っ + た 행 ⇨ ㄷ |

- **きって**
  깃떼
  きって 우표

| っ + ぱ 행 ⇨ ㅂ |

- **いっぱい**
  입빠이
  いっぱい 가득

★ 장음 長音

あ단의 경우에는 あ나 う를, い·え단의 경우에는 い나 え를 써서 길게 발음해 준다.

- **おかあ**さん　　어머니
  오까-상

- **すう**がく　　수학
  스-가꾸

- **おにい**さん　　형님
  오니-상

- **おねえ**さん　　언니, 누나
  오네-상

★ 발음 撥音

ん발음이 다른 음의 영향을 받아 ㄴ, ㅁ, ㅇ등으로 들리는 현상을 말한다.

か・が행, ん으로 끝날 때 ⇨ ㅇ

- べんきょう
  벵꾜-
  勉強 공부

さ・ざ・た・だ・な・ら행으로 끝날 때 ⇨ ㄴ

- せんたく
  센따꾸
  洗濯 세탁

ま・ば・ぱ행으로 끝날 때 ⇨ ㅁ

- しんぶん
  심붕
  新聞 신문

あ・や・わ・は행으로 끝날 때 ⇨ ㄴ과 ㅇ의 중간음

- でんわ
  뎅와
  電話 전화

✸ 주의해서 발음해야 할 조사

다음의 글자가 받침으로 사용될 때는 다음과 같이 발음이 바뀌므로 주의해야 한다.

| は ⇨ わ로 발음 |

- わたしは
  와따시와
  私は 나는

| へ ⇨ え로 발음 |

- あそこへ
  아소꼬에
  저기에

| を ⇨ お로 발음 |

- それを
  소레오
  그것을

✸ 묵음

말 그대로 글자는 있되 발음이 되지 않는 소리이다. 주로 か행 뒤에 さ행이 올 경우에 생긴다.

- がくせい   [가꾸세-] ⇨ [각세-]
  각세-   ▶ u모음이 발음되지 않는다
  学生 학생

기본적인 문장 구조

긍정문

A와 B데스
Aは Bです。　　　　A는 B입니다.

가장 기본적인 문장형태이다. 여기서 조사 **は**와는 본래의 음인 하가 아니라 와로 읽는 것에 주의해야 한다. ~**です**~데스는 ~입니다라는 뜻을 나타낸다. 조사를 바꿔주기만 해도 문장을 여러 가지로 변형시킬 수 있다.

🍀 이것은 텔레비전입니다.
　　これは テレビです。 고레와 테레비데스

부정문

A와 B데와 아리마셍
Aは Bでは ありません。 A는 B가 아닙니다.

~**です**를 ~**では ありません**으로 바꿔주면 부정의 뜻을 나타낸다. 회화에서는 ~**じゃ ありません**이라고도 한다.

🍀 이것은 커피가 아닙니다.
　　これは コーヒーでは ありません。
　　고레와 코-히-데와 아리마셍

의문문

<small>A와 B데스까</small>
Aは Bですか。　　A는 B입니까?

~です를 의문문의 형태로 만들고 싶으면 ~ですか로 뒤에 의문조사 ~か를 붙이고 끝을 살짝 올려 읽는다.

- 이것은 무엇입니까?
  これは 何ですか。 고레와 난데스까

はい・いいえ 예 / 아니오

<small>하이　　　이-에</small>
はい / いいえ　　　예 / 아니오

Yes 예에 해당하는 일본어는 はい, No 아니오에 해당하는 말은 いいえ(줄여서 いえ)이다.

- 예, 그렇습니다.
  はい、そうです。 하이, 소-데스

- 아니오, 그렇지 않습니다.
  いいえ、そうではありません。 이-에, 소데와 아리마셍

마침표, 쉼표

마침표는 **くてん** 구뗑 이라고 해서 。, 쉼표는 **とうてん** 도-뗑 이라고 해서 、를 쓴다. 참고적으로 일본어는 원래 물음표를 쓰지 않으며 띄어쓰기도 하지 않지만 이 책에서는 기초학습자의 편의를 위하여 띄어쓰기를 하였다.

기본적인 문장구조　**21**

기초 회화

 ## 기본 인사

영어와 마찬가지로 아침·점심·저녁에 따른 인사말이 다른 것이 특징이다. **おはよう ございます。** 오하요- 고자이마스 는 손윗사람에게 쓰는 정중한 표현이고, 친구나 손아랫사람에게는 가볍게 **おはよう。** 오하요-라고 하면 된다.

★ 안녕하세요. 아침인사 오하요- 고자이마스

　おはよう ございます。

★ 안녕하세요. 점심인사 곤니찌와

　こんにちは。

★ 안녕하세요. 저녁인사 곰방와

　こんばんは。

 ## 헤어질 때

さようなら。 사요-나라 는 잠깐 동안이 아닌 그래도 헤어짐의 시간이 긴 경우에 쓰는 말로 가볍게 사용하는 데에는 좀 무리가 있다. 그냥, 가볍게 **またね。** 마따네 또, 보자, **じゃあね。** 자-네 그럼, 잘 가. 정도로 인사하는 것이 좋다.

* 안녕히 가세요(계세요). 사요-나라

    さようなら。

* 내일 봐. 마따, 아시따

    また、あした。

오출·귀가

외출할 때나 잠시 자리를 비울 때에 쓰는 표현이다. 상대방도 잘 다녀오라는 대답을 하는 것이 좋다.

* 다녀오겠습니다. 잇떼 기마스

    いって きます。

* 잘 다녀오세요. 잇떼 랏샤이

    いって らっしゃい。

외출했다 돌아왔을 때에는 멋쩍게 있기보다는 예의바르게 한마디 하는 것이 좋겠다. 물론 반갑게 맞이하여 주는 것은 기본중의 기본! **ただいま** 다다이마의 뜻은 지금, 이제 나 왔다는 말의 준말이다.

* 다녀왔습니다. 다다이마

    ただいま。

* 어서 오세요. 오까에리(나사이)

    おかえり(なさい)。

* 건강하십니까? 오겡끼데스까

    おげんきですか。

* 덕분에(건강합니다). 오까게사마데

    おかげさまで。

ありがとう ございます。 아리가또- 고자이마스 는 감사할 때 쓰는 인사말이다. 이를 과거로 표현할 때는 뒤에 **-ました** 마시따를 붙이면 된다. 과거형은 **ありがとう ございました。** 아리가또- 고자이마시따 감사했습니다 이다.

* 감사합니다. 아리가또- 고자이마스

    ありがとう ございます。

* 천만에요. 도-이따시마시떼

    どういたしまして。

사과

すみません。 스미마셍 은 미안할 때 쓰는 인사말이다. 이 외에 길이나 상점 등에서 상대방에게 말을 걸 때에도 사용한다.

🌸 미안합니다. 실례합니다. 스미마셍

　　すみません。

🌸 괜찮습니다. 다이죠-부데스

　　だいじょうぶです。

자리를 뜰 때

🌸 실례하겠습니다. 시쯔레-시마스

　　しつれいします。

🌸 수고하셨습니다. 오쯔까레사마데시따

　　おつかれさまでした。

 식사  1-A

음식을 먹을 때에 감사의 뜻을 전하면 식사자리가 한결 부드러워질 뿐 아니라 정성스레 요리를 해준 이에게도 감사의 뜻이 전해진다. 식구들끼리도 습관적으로 이 말을 사용하도록 하자.

🍀 자, (어서) 드세요. 도-조

　　どうぞ。

🍀 잘 먹겠습니다. 이따다끼마스

　　いただきます。

🍀 잘 먹었습니다. 고찌소-사마데시따

　　ごちそうさまでした。

🍀 대접이 변변치 못했습니다. 오소마쯔사마데시따

　　おそまつさまでした。

ごちそうさまでした。

아~ 별말씀을‥
대접이 변변치
못했습니다.

본문

인사

01 おはよう ございます。
안녕하세요.

인사

영어와 마찬가지로 때에 따라 인사말이 달라진다. 기본적으로 익힌 인사말 뒤에 날씨나 약간의 관심을 보여주는 것도 대화에 도움이 될 것이다. 단, 지나치게 행선지를 추궁하는 것은 상대방에게 실례가 되니 주의해야 한다.

새로운 단어

- おはよう 오하요- 안녕
- 天気(てんき) 뎅끼 날씨
- ~ね ~네 ~군요
- そうですね 소-데스네 그렇군요
- お出(で)かけ 오데까께 외출, 나가심
  ▶ 出かける 앞에 お를 넣어 존경의 뜻을 나타냄
- はい 하이 예
- じゃ 쟈 では의 회화체
- 行(い)って らっしゃい 잇떼 랏샤이 다녀오세요
- また 마따 또
- いい 이- 좋다
- ~です ~데스 ~입니다
- どこかに 도꼬까니 어딘가에
- 用事(ようじ) 요-지 볼일

안녕하세요.

李
おはよう ございます。 오하요- 고자이마스

안녕하세요.

たなか
田中
おはよう ございます。 오하요- 고자이마스

날씨가 좋군요.

いい 天気ですね。 이- 뎅끼데스네

그렇군요. 어디 나가세요(외출하세요)?

そうですね。 소-데스네
どこかに お出かけですか。 도꼬까니 오데까께데스까

예, 볼일이 있어서요.

はい、用事が ありまして。 하이, 요-지가 아리마시떼

그렇습니까? 그럼 다녀오세요.

そうですか。 소-데스까
じゃ、行って らっしゃい。 쟈, 잍떼 랏샤이

그럼, 또. (봐요).

じゃ、また。 쟈, 마따

Q1 おはよう ございます。 안녕하세요.

POINT & 해설

★ おはようございます
안녕하세요?

아침에 쓰는 인사말이다. 앞에서도 말했듯이 일본어는 시간에 따른 인사말이 다르다. 그러므로 그때그때 상황에 맞는 인사말을 적절하게 사용하는 것이 중요하다. **おはよう**。오하요- **안녕**에 **ございます** 고자이마스 라는 정중표현이 연결되어 **안녕하십니까?, 안녕하세요?**라는 표현이 된다.

오하요-, 미나
おはよう、ミナ。   안녕, 미나.

오하요-, 스미스
おはよう、スミス。   안녕, 스미스.

오하요- 고자이마스, 다나까상
おはよう ございます、田中さん。
안녕하세요, 다나카 씨.

오하요- 고자이마스, 김상
おはよう ございます、金さん。
안녕하세요, 김 씨.

★ お出かけ
외출, 나가심

出かける 데까께루 **외출하다**라는 동사를 명사화해서 사용한 것인데 여기서의 **お** 오 는 명사 앞에 붙는 접두어로 존경의 의미를 갖는다.

오데까께데스까
- お出かけですか。 나가십니까?

하이, 스-파-마데마
→ はい、スーパーまで。 ⇨ 예, 슈퍼에요.

- スーパー 스-파- 슈퍼마켓

★ 行って らっしゃい   다녀오세요

다녀오세요.라고 외출하거나 잠시 동안 자리를 떠나는 사람에게 하는 인사말이다.
상대적으로 나가면서 하는 인사말은 行って きます。잇떼 기마스 **다녀오겠습니다**이다.
좀더 정중하게 말하고 싶을 때는 行って まいります。잇떼 마이리마스 **다녀오겠습니다**라고 하면 된다.

마마, 잇떼 기마스
- ママ、行って きます。 엄마, 다녀오겠습니다.

잇떼 랏샤이
→ 行って らっしゃい。 ⇨ 잘 다녀오너라.

- 来ます 기마스 来る 오다 의 ます형
- ママ 마마 엄마

POINT & 해설

> ★ じゃ   그러면, 그럼

じゃ 쟈 는 それでは 소레데와 (では 데와) 그러면의 회화체이다. 이 외에 ~이 아니다라고 할 때도 ~では ない ~데와 나이 라는 표현을 쓰는데 이 때도 ~じゃ ない ~쟈 나이 라고 한다.

예)
자, 마따 아시따
じゃ、また あした。   그럼 내일 봐.

와따시와 각세-데와 나이
わたしは 学生では ない。   나는 학생이 아니다.

와따시와 각세-쟈 나이
わたしは 学生じゃ ない。   나는 학생이 아니다. 회화체

- あした 아시따 내일
- わたし 와따시 나, 저
- 学生 각세- 학생

자꾸 늦을래?
내일은 안봐줄거야

알겠어. 아응~

응용 1

안녕하세요? 오늘은 날씨가 좋군요. 아침인사

오하요- 고자이마스、쿄-와 이- 뎅끼데스네

おはよう ございます、きょうは いい 天気ですね。

1. 다나카씨 아니세요?　　田中さんじゃ ありませんか
   다나까상쟈 아리마셍까

2. 아침운동하세요?　　朝の 運動ですか
   아사노 운도-데스까

응용 2

안녕하세요? 오늘은 춥군요. 점심인사

곤니찌와、쿄-와 사무이데스네

こんにちは、きょうは さむいですね。

1. 오늘은 덥군요.　　きょうは あついですね
   쿄-와 아쯔이데스네

응용 3

안녕하세요? 지금 퇴근하세요?

곰방와、이마 타이낑데스까

こんばんは、いま 退勤ですか。

1. 안녕하세요? 지금 출근하세요?
   오하요- 고자이마스、이마 슉낑데스까

   おはよう ございます、いま 出勤ですか

- ~じゃ ありませんか ~쟈 아리마셍까 ~이(가) 아닙니까?
- さむい 사무이 춥다
- あつい 아쯔이 덥다
- 朝 아사 아침
- 退勤 타이낑 퇴근
- 運動 운도- 운동
- 出勤 슉낑 출근

1 다음 대화를 듣고 빈칸에 알맞은 답을 골라보세요.

> A どこかに お出かけですか。 어디 외출하세요?
>
> B (   ) (   )

1 朝の 運動です。

2 用事が ありまして。

3 はい、スーパーまで。

4 出勤です。

네, 우체국~

어디 외출하세요?

2 다음 문장을 일본어로 써 보세요.

1 안녕하세요, 아침운동하세요?

2 다나카씨 아니세요?

3 날씨가 좋군요.

4 엄마, 다녀오겠습니다.

아무데나 天気를 붙이지는 말 것!!

앞에서 우리는 **날씨가 좋군요.**라는 표현은 **いい 天気ですね。** 이- 뎅끼데스네 라고 배웠다. 그러나 **~날씨군요**라는 표현을 쓴다고 해서 무조건 **~天気ですね。** 뎅끼데스네 라고 해서는 안 된다. 특히 덥다, 춥다, 서늘하다, 따뜻하다라는 말에 **天気** 뎅끼 를 붙여서는 안된다. 이 **天気** 뎅끼 라는 말이 맑다, 흐리다 등의 기상상태에 관련된 말이기 때문이다.

● **天気** 뎅끼 를 붙여도 되는 경우 : 좋다, 나쁘다, 맑다, 흐리다

→ **いい 天気ですね。**
  이- 뎅끼데스네
  날씨가 좋군요.

→ **寒いですね。**
  사무이데스네
  춥군요.

해답

1 ②用事が ありまして。
2 ①おはようございます、朝の 運動ですか。 ②田中さんじゃ ありませんか。
  ③いい 天気ですね。 ④ママ、行って きます。

久しぶりですね。
오래간만이군요.

오래간만의 인사

오랜만에 만났을 때나 누구를 만났을 때는 **ひさしぶりですね。** 히사시부리데스네 **오래간만이군요.**라는 표현을 쓴다. 우연히 만난 경우에는 **~さんじゃありませんか。** 상쟈아리마셍까 **~씨 아닙니까?**라고 아는 체를 해도 좋고 그 다음에는 우리가 너무도 잘 알고 있는 말인 **お元気ですか。** 오겡끼데스까 **건강하십니까?**로 안부를 묻는다. 상황에 맞는 답변은 본문을 통해 익혀보기로 한다.

새로운 단어

- こんにちは 곤니찌와 점심인사
- 久しぶり 히사시부리 오래간만
- ~じゃ ありません ~쟈 아리마셍 ~이 아닙니다
- お元気ですか 오겡끼데스까 건강하십니까?
- おかげさまで 오까게사마데 덕분에, 덕택에
- おしごと 오시고또 하시는 일
- いつも 이쯔모 언제나, 항상
- いそがしい 이소가시- 바쁘다
- けっこうだ 겍꼬-다 좋다, 괜찮다
- お子さん 오꼬상 자제분
- もう 모- 이미, 벌써
- 大きい 오-끼- 크다

안녕하세요, 야마다씨. 오래간만이군요.

李

こんにちは、山田さん。久しぶりですね。
곤니찌와, 야마다상. 히사시부리데스네

어, 이선생님 아닙니까? 건강하십니까?

山田

やあ、李さんじゃ ありませんか。 야-, 이상쟈 아리마셍까
お元気ですか。 오겡끼데스까

예, 덕분에요. 하시는 일은 어떻습니까?

ええ、おかげさまで。 에-, 오까게사마데
おしごとは どうですか。 오시고또와 도-데스까

그저 그렇습니다. 이선생님은요?

まあまあです。李さんは。 마-마-데스. 이상와

언제나 바쁩니다.

いつも いそがしいです。 이쯔모 이소가시-데스

그거 다행이네요.

それは けっこうですね。 소레와 겍꼬-데스네

자제 분은 어떻습니까?

お子さんは どうですか。 오꼬상와 도-데스까

다 컸습니다.

もう 大きいです。 모- 오-끼-데스

久しぶりですね。 오래간만이군요.

POINT & 해설

★ 久しぶり　　　　　　　　　　　오래간만

오래간만에 만났을 때 쓰는 인사말이다. 좀 더 정중하게 표현하고 싶을 때는 앞에 お 오를 붙여서 쓰면 된다.

히사시부리데스네
예 久しぶりですね。　　　　　오래간만이군요.

혼또-데스네
⇨ ほんとうですね。　　　　　⇨ 정말이군요.

도-모 오히사시부리데스
どうも お久しぶりです。　　정말 오래간만입니다.

・ほんとう 혼또- 정말

★ ~じゃ ありません　　　　　　~이(가) 아닙니다

앞에서 우리는 では 데와 의 회화체가 じゃ 쟈 라고 배웠다. 마찬가지로 ~이(가) 아닙니다라고 말할 때는 ~では ありません 데와 아리마셍 또는 ~じゃ ありません ~쟈 아리마셍 이라고 한다.

고레와 혼데스
예 これは 本です。　　　　　이것은 책입니다.

고레와 혼쟈 아리마셍
これは 本じゃ ありません。　이것은 책이 아닙니다.

・これ 고레 이것　　・本 홍 책

★ お元気ですか　　건강하십니까?, 잘 있습니까?

오랜만에 만난 사람과 인사를 할 때나 안부를 물어볼 때에 쓰이는 인사말이다.

예)
히사시부리데스네. 오겡끼데스까
ひさしぶりですね。お元気ですか。
오래간만이군요. 건강하십니까?

아이까와라즈데스
⇒ あいかわらずです。　⇨ 여전합니다.

마-마-데스
⇒ まあまあです。　⇨ 그저 그렇습니다.

- まあまあだ 마-마-다 그저그렇다

★ どうですか　　어떻습니까?

상대방의 안부나 현재 상태를 물을 때에 쓰이며 때로는 음식을 권할 때도 쓰인다. 더 정중하게 말하고 싶을 때는 いかがですか。이까가데스까 라고 한다.

久しぶりですね。오래간만이군요.

니혼노 세-까쯔와 도-데스까
日本の 生活は どうですか。 일본 생활은 어떻습니까?

고-히-데모 도-데스까
コーヒーでも どうですか。 커피라도 어떻습니까?

- 日本 니홍 일본
- 生活 세-까쯔 생활
- コーヒー 고-히- 커피
- どうですか 도-데스까 어떻습니까?

★ けっこうです 괜찮습니다

감탄할 때나 **괜찮다, 좋다**라고 상대방에게 허락을 해줄 때, 또 상대방의 부탁에 더 이상은 필요 없다는 의견을 밝힐 때 등에 쓰인다. 의미가 완전히 달라지므로 주의해서 사용할 표현이다.

젝꼬-데스네
けっこうですね。 다행이네요.

비-루데모 이까가데스까
ビールでも いかがですか。 맥주라도 어떠십니까?

젝꼬-데스
⇨ けっこうです。 ⇨ 좋습니다.

니꾸오 몯또 이까가데스까
肉を もっと いかがですか。 고기를 더 드시지요.

모- 젝꼬-데스
⇨ もう けっこうです。 ⇨ 아니오, 괜찮습니다.

- けっこうだ 젝꼬-다 괜찮다, 좋다
- ビール 비-루 맥주
- 肉 니꾸 고기
- もう 모- 벌써, 이미, 이제

응용 1

오래간만이군요. 지금 바쁘십니까?

히사시부리데스네. 이마 이소가시-데스까
ひさしぶりですね。いま いそがしいですか。

1. 몇 년만이지요?
   난넴부리데스까
   何年ぶりですか

2. 아버님은 어떻습니까?
   오또-상와 도-데스까
   お父さんは どうですか

응용 2

건강하십니까? **お元気ですか。** 오겡끼데스까

⇒ 덕분에 건강합니다.

오까게사마데 겡끼데스
おかげさまで 元気です。

1. 여전합니다.
   아이까와라즈데스
   あいかわらずです

2. 그저 그렇습니다.
   마-마-데스
   まあまあです

3. 바쁩니다.
   이소가시-데스
   いそがしいです

- **何年ぶり** 난넴부리 몇 년만 ・**お父さん** 오또-상 상대방의 아버지를 부르는 말, 내 아버지는 **ちち** 찌찌
- **あいかわらず** 아이까와라즈 변함없이, 여전히

久しぶりですね。 오래간만이군요.

연습문제

1 다음 대화를 듣고 빈칸에 알맞은 답을 골라보세요.

> A　おしごとは どうですか。 하시는 일은 어떻습니까?
> B　(　　　　　　　　　) (　　　　　)

1. まあまあです。
2. いそがしいです。
3. あいかわらずです。
4. おかげさまで。

2 다음 문장을 일본어로 써 보세요.

1. 이 선생님 아닙니까?
2. 건강하십니까?
3. 언제나 바쁩니다.
4. 일본 생활은 어떻습니까?

일본어의 인사는 人事가 아니다!?

일본어의 여러 가지 **인사**는 우리가 알고 있는 그대로의 **人事**가 아니라 다른 말로 불린다. 이제 일본어 공부에 본격적으로 뛰어든 만큼 이 정도 말쯤은 기본중의 기본!!
일본어로 인사는 **挨拶**라고 쓰고 **아이사쯔**라고 읽는다.

해답
1 ② いそがしいです。
2 ① 李さんじゃ ありませんか。 ② お元気ですか。
　③ いつも いそがしいです。 ④ 日本の 生活は どうですか。

02 久しぶりですね。 오래간만이군요.

인사 03

どうぞ よろしく。
잘 부탁합니다.

첫인사

처음 만났을 때 어떤 인상을 심느냐가 그 사람과의 관계에 막대한 영향을 끼칠 정도로 중요하다. 그러므로 첫인사는 정중하고 말끔한 인상을 줄 수 있도록 노력하고 비즈니스맨이라면 명함은 항상 휴대한다. 미처 준비가 안 됐다면 사과를 하고, 받은 명함은 함부로 다루지 않도록 주의한다.

새로운 단어

- はじめまして 하지메마시떼 처음 뵙겠습니다
- どうぞ 도-조 부디, 제발
- わたし 와따시 나, 저
- ~と 申します ~또 모-시마스 ~라고 (말)하다
- お会いできて 오아이데끼떼 만날 수 있어서, 만나서
- うれしい 우레시이 기쁘다
- いいえ 이-에 아니오
- こちらこそ 고찌라꼬소 이쪽이야말로, 저야말로
- これ 고레 이것
- ~は ~와 ~은(는)
- 名刺 메-시 명함
- きらして 기라시떼 떨어져서 ▶ きらす 기라스 의 て형

처음 뵙겠습니다. 요시다입니다.

はじめまして。吉田です。 하지메마시떼. 요시다데스

よしだ
吉田

잘 부탁합니다.

どうぞ よろしく。 도-조 요로시꾸

처음 뵙겠습니다. 저는 김이라고 합니다.

はじめまして。わたしは 金と 申します。
하지메마시떼. 와따시와 기무또 모-시마스

金

잘 부탁합니다.

どうぞ よろしく。 도-조 요로시꾸

만나서 반갑습니다.

お会いできて うれしいです。 오아이데끼떼 우레시-데스

아니오, 저야말로.

いいえ、こちらこそ。 이-에, 고찌라꼬소

이것은 제 명함입니다. 받으세요.

これは わたしの 名刺です。どうぞ。
고레와 와따시노 메-시데스. 도-조

죄송합니다. 저는 명함이 떨어져서요.

すみません。 스미마셍
わたしは 名刺を きらして おりまして。
와따시와 메이시오 기라시떼 오리마시떼

Q3 **どうぞ よろしく。** 잘 부탁합니다.

★ どうぞ よろしく   잘 부탁합니다

잘 부탁합니다라는 말로 좀 더 정중하게 말하고 싶을 때에는 どうぞ よろしく おねがいします。도-조 요로시꾸 오네가이시마스 라고 한다.

예)
はじめまして。わたしは 金です。
하지메마시떼. 와따시와 김데스
처음 뵙겠습니다. 저는 김입니다.

⇨ どうぞ よろしく。 ⇨ 잘 부탁합니다.
도-조 요로시꾸

★ ~と 申します   ~라고 (말)합니다

자신을 다른 사람에게 소개할 때 쓰는 말이다. ~と 言います ~라고 말하다의 겸손한 말로, 그냥 간단하게 ~です라고 해도 무방하다.

예) わたしは 吉田と 申します。 저는 요시다라고 합니다.
와따시와 요시다또 모-시마스

わたしは 吉田と 言います。 저는 요시다라고 합니다.
와따시와 요시다또 이-마스

わたしは 吉田です。 저는 요시다입니다.
와따시와 요시다데스

• ~と 言います ~또 이-마스 ~라고 (말)합니다 ▶원형 言う 말하다

★ こちらこそ
이쪽이야말로, 저야말로

직역하면 **이쪽이야말로**라는 뜻으로 여기서 こそ 꼬소 는 앞의 말에 연결하여 그 말을 강조해 주는 역할을 한다. 자연스럽게 **저야말로**정도로 해석하면 된다.

예) はじめまして、金です。どうぞ よろしく。
하지메마시떼, 김데스. 도-조 요로시꾸
처음 뵙겠습니다. 김입니다. 잘 부탁합니다.

⇨ こちらこそ。どうぞ よろしく。
고찌라꼬소. 도-조 요로시꾸
⇨ 저야말로. 잘 부탁합니다.

• わたしこそ 와따시꼬소 나야말로, 저야말로

Q3 どうぞ よろしく。 잘 부탁합니다. **47**

わたし　　　　　　　　　　나, 저

나, 저를 가리키는 인칭대명사로 좀 더 격식을 차려 말하고 싶을 때에는 **わたくし** 와따꾸시 라고 하면 된다.

	단수		복수	
1인칭	와따시 **わたし**	나, 저	와따시따찌 **わたしたち**	우리들
2인칭	아나따 **あなた**	너, 당신	아나따가따 **あなたがた**	당신들
3인칭	가레 **かれ**	그	가레라 **かれら**	그들
	가노죠 **かのじょ**	그녀		

예)
와따시와 야마다데스
わたしは 山田です。　저는 야마다입니다.

마다 각세-데스
まだ 学生です。　아직 학생입니다.

응용1

처음 뵙겠습니다. 잘 부탁합니다.

하지메마시떼, 도-조 요로시꾸
はじめまして、どうぞ よろしく。

1. 저는 김이라고 합니다.　　와따시와 김또 모-시마스
   わたしは 金と 申します

2. 저는 김입니다.　　와따시와 김데스
   わたしは 金です

3. 잘 부탁드립니다.　　도-조 요로시꾸 오네가이시마스
   どうぞ よろしく おねがいします

응용2

저야말로 만나서 반갑습니다.

고찌라꼬소, 오아이데끼떼 우레시-데스
こちらこそ、お会いできて うれしいです。

 저야말로　　와따시꼬소
   私こそ

• おねがいします 오네가이시마스 부탁합니다

1 다음 대화를 듣고 빈칸에 알맞은 답을 골라보세요.

> A はじめまして。わたしは 金と 申します。
> 처음 뵙겠습니다. 저는 김이라고 합니다
>
> B （　　　　　　　　　）　（　　　　　）

1 すみません。

2 ありがとう ございます。

3 どうぞ よろしく。

4 さようなら。

처음 뵙겠습니다. 저는 김. 그쪽은?

2 다음 문장을 일본어로 써 보세요.

1 잘 부탁합니다.

2 처음 뵙겠습니다.

3 이것은 제 명함입니다.

4 만나서 반갑습니다.

どうぞ 한마디면 만사가 OK!

どうぞ 도-조 는 영어의 please와 같은 의미로 그만큼 쓰임이 다양하다. 상대방에게 권유나 허가를 할 때 쓰이며, 뒤에 오는 별다른 말 없이도 충분히 제 의사를 전달하는 기특한 녀석이다. 그냥 웬만하면 들이대며 **どうぞ** 도-조 한마디만 해도 만사 OK!!

> **コーヒーを どうぞ。** 커피 드세요.
> 고-히-오 도-조
>
> **どうぞ よろしく。** 잘 부탁합니다.
> 도-조 요로시꾸
>
> **どうぞ お入りください。** 자, 들어오세요.
> 도-조 오하이리구다사이

해답
1 ③ どうぞ よろしく。
2 ① どうぞ よろしく。 ② はじめまして。
③ これは わたしの 名刺です。 ④ お会いできて うれしいです。

쇼핑

04 これは 何ですか。
이것은 무엇입니까?

물건이름

일본은 물가가 비싼 곳이라 쇼핑을 맘껏 하기란 어려운 일이지만 또 여기처럼 아기자기하고 특이한, 욕심나는 물건이 많은 곳도 드물다. 충동구매는 될 수 있는 대로 자제하고, 미리 쇼핑 목록을 작성해 두는 지혜를 발휘하자. 100엔숍 같은 곳을 이용하는 것도 좋고, 세일을 잘 활용하는 것도 도움이 되겠다.

새로운 단어

- 何 나니 무엇
- それ 소레 그것
- デジカメ 데지카메 디지털카메라 digital camera
- 携帯 케-따이 휴대폰
- 見せる 미세루 보여주다
- ちょっと 쫃또 조금, 잠시
- ~て ください ~떼 구다사이 ~해 주십시오

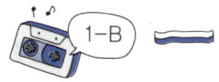

金

이것은 무엇입니까?

これは 何ですか。 고레와 난데스까

店員

그것은 디지털 카메라입니다.

それは デジカメです。 소레와 데지카메데스

이것은 무엇입니까?

これは 何ですか。 고레와 난데스까

그것도 디지털카메라입니다.

それも デジカメです。 소레모 데지카메데스

이것은 MP3입니까, 휴대폰입니까?

これは MP3ですか、携帯ですか。

고레와 엠피쓰리데스까, 게-따이데스까

이것 말입니까? 이것은 MP3입니다.

これですか、これは MP3です。

고레데스까, 고레와 엠피쓰리데스

좀 보여주세요.

ちょっと 見せて ください。 쫃또 미세떼 구다사이

Q4 これは 何ですか。 이것은 무엇입니까?

POINT & 해설

★ 사물을 나타내는 지시대명사

사물이나 장소, 방향을 가리킬 때는 지시대명사는 이·그·저·어느 등으로 나누는 데 이를 こ 고·そ 소·あ 아·ど 도 라고 한다. 이 과에서는 우선 사물을 나타내는 지시대명사에 관해 알아보기로 한다.
또한 위치에 따라 これ 고레 로 물어보면 それ 소레, それ 소레 로 물어보면 これ 고레 로 대답해야 한다.

고 こ 이	소 そ 그	아 あ 저	도 ど 어느
고레 これ 이것	소레 それ 이	아레 あれ 저것	도레 どれ 어느 것

고레와 난데스까
- これは 何ですか。   이것은 무엇입니까?

  소레와 게-따이데스
  ⇨ それは 携帯です。 ⇨ 그것은 휴대폰입니다.

소레와 난데스까
- それは 何ですか。   그것은 무엇입니까?

  고레와 엠피쓰리데스
  ⇨ これは MP3です。 ⇨ 이것은 MP3입니다.

~は
조사 ~은/는

조사 は 와(wa) 는 무엇보다 발음하는 것을 주의해야 하는데, 글자대로 발음하자면 하 ha 이지만 실제는 와 wa 로 읽는다. 뜻은 우리말의 ~은/는에 해당된다.

예
고레와 노-토파소콘데스
これは ノートパソコンです。 이것은 노트북입니다.
　　[wa]

소레와 노-토데스
⇨ それは ノートです。　　⇨ 그것은 노트입니다.
　　[wa]

- ノートパソコン 노-토파소콘 노트북
- ノート 노-토 노트

何ですか
무엇입니까?

何는 경우에 따라 なに 또는 なん으로 발음이 달라진다.

① **なに로 읽는 경우** : か, が, に, も, を 앞에서

예
테-부루노 우에니 나니까 아리마스까
テーブルの 上に 何か ありますか。
테이블 위에 무언가 있습니까?

가반노 나까니 나니가 아리마스까
かばんの 中に 何が ありますか。
가방 속에 무엇이 있습니까?

Q4 これは 何ですか。 이것은 무엇입니까?

POINT & 해설

② **なん**으로 읽히는 경우 : だ, で, と, の 앞에서

고레와 난데스까
> これは 何_{なん}ですか。   이것은 무엇입니까?

소레와 난노 잣시데스까
> それは 何_{なん}の 雑誌_{ざっし}ですか。 그것은 무슨 잡지입니까?

★ ~て ください
~해 주십시오

상대방에게 의뢰를 할 때에 쓰이는 표현이다. 단 자기보다 손윗사람에게는 직접 명령하는 느낌이 드므로 삼가서 사용하도록 한다. 동사가 ~て ~떼 에 연결될 때는 음을 편하게 발음하기 위해 음편 12과참조 이라는 특수한 현상이 일어난다. 문법을 너무 따지려하지 말고 자연스럽게 문장 속에서 익히도록 한다.

쫃또 미세떼 구다사이
> ちょっと 見_みせて ください。 좀 보여주세요.

쫃또 맡떼 구다사이
> ちょっと 待_まって ください。 잠깐 기다려 주세요.

• 待_まって 맡떼 待つ 기다리다 의 て형

응용 1

이것은 무엇입니까? これは 何ですか。 고레와 난데스까

⇒ 그것은 디지털카메라입니다.

소레와 데지카메데스
それは デジカメです。

1. 그것은 MP3입니다.
   소레와 엠피쓰리데스
   それは MP3です

2. 그것은 휴대폰입니다.
   소레와 게-따이데스
   それは 携帯です

응용 2

이것은 MP3입니까? 휴대폰입니까?

고레와 엠피쓰리데스까, 게-따이데스까
これは MP3ですか、携帯ですか。

1. 비디오 / 텔레비젼
   비데오   테레비
   ビデオ / テレビ

2. 시계 / 팔찌
   도께-   부레스렛토
   とけい / ブレスレット

- ビデオ 비데오 비디오 video ・テレビ 테레비 텔레비전 television ・とけい 도께- 시계
- ブレスレット 부레스렛토 팔찌 bracelet

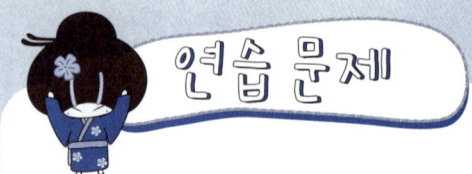 

1 다음 대화를 듣고 빈칸에 알맞은 답을 골라보세요.

> A これは 何ですか。　이것은 무엇입니까?
>
> B それは(　　　　)です。　저것은 (　　)입니다.

1 携帯（けいたい）

2 ワープロ

3 MP3

4 デジカメ

2 다음 문장을 일본어로 써 보세요.

1 이것은 무엇입니까?

2 좀 보여주세요.

3 이것 말입니까? 이것은 MP3입니다.

4 이것은 시계입니까? 팔찌입니까?

의문사 앞에서는 조사를 잘 써야 된다!!

이것은 무엇입니까?를 일본어로 말하면 **これは 何ですか。** 고레와 난데스까 라고 한다. 그러면 **이것이 무엇입니까?**라고 물으려면 뭐라고 해야 할까? 참고로 ~이(가)에 해당하는 조사는 ~が ~가 이다.

대부분 **これが 何ですか。** 고레가 난데스까 라고 답하지 않았을까 하는 생각이 든다. 하지만 답은 마찬가지로 **これは 何ですか。** 고레와 난데스까 이다. 왜냐하면 일본어는 뒤에 의문사가 올 경우에는 조사는 이것저것 가리지 않고 조사 は 와 를 쓰기 때문이다.

해답

1 ④ デジカメ
2 ① これは 何ですか。　　　② ちょっと 見せて ください。
　③ これですか。これは MP3です。　④ これは とけいですか。ブレスレットですか。

쇼핑

05 これは いくらですか。
이것은 얼마입니까?

가격

쇼핑을 하든 비즈니스 거래를 하든 가격과 관련된 표현을 익히지 않고서는 일본에서 생활을 하기가 어렵다. 더욱이 앞에서 언급한 바 있지만 물가 비싼 일본에서 살아남으려면 이 과가 제일 중요하지 않을까!? 물건을 가리키고 물어 볼 줄 알게 되었으니 이제 본격적으로 가격흥정에 나서보자.

새로운 단어

- いくら 이꾸라 얼마
- 2千 니셍 2,000
- 円 엥 엔
- 高すぎる 다까스기루 너무 비싸다 ▶ ~すぎます ~스기마스 너무 ~합니다
- そんな 손나 그런
- 安い 야스이 싸다
- こまります 고마리마스 곤란합니다
- まける 마께루 깎다
- それじゃ 소레자 그러면 ▶ それでは 소레데와 의 회화체

이것은 얼마입니까?

これは いくらですか。 고레와 이꾸라데스까

金

2천엔입니다.

に せん えん
2,000円です。 니셍엔데스

店員
てんいん

너무 비싸군요.

たか
高すぎますね。 다까스기마스네

아니오, 그렇지 않습니다.

いいえ、そんな こと ありません。 이-에, 손나 고또 아리마셍

좀 싸게 해 주시겠습니까?

やす
ちょっと 安くして いただけますか。
쵿또 야스꾸시떼 이따다께마스까

얼마예요?

곤란합니다.

こまりますね。 고마리마스네

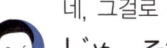

그런 말씀 마시고 좀 깎아 주세요.

い
そんな こと 言わずに もう ちょっと まけて ください。
손나 고또 이와즈니 모- 쵿또 마께떼 구다사이

그럼 1,500엔이 어떻습니까?

せん ごひゃくえん
それじゃ、1,500円で どうですか。
소레쟈, 셍고햐꾸엔데 두-데스까

네, 그걸로 주십시오.

じゃ、それで おねがいします。 쟈, 소레데 오네가이시마스

POINT & 해설

★ いくらですか
얼마입니까?

いくら 이꾸라 라는 말은 가격이나 정도가 얼마인지를 물을 때에 사용되는 단어이다. 문장에서의 활용 예를 살펴보면 다음과 같다.

예)
고레와 이꾸라데스까
これは いくらですか。 이것은 얼마입니까?

이찌망엥데스
⇨ 1万円です。 ⇨ 만엔입니다.

젬부데 이꾸라데스까
全部で いくらですか。 전부 얼마입니까?

• 全部で 젬부데 전부(다해서)

또 いくら 이꾸라 는 가끔 いくつ 이꾸쯔 몇 개와 혼동이 되기도 하는데 いくら는 가격·정도·무게 등을 물어볼 때에 쓰이고, いくつ 는 수를 물어볼 때에 쓰인다.

예)
고노 홍와 이꾸라데스까
この 本は いくらですか。 이 책은 얼마입니까?

링고와 이꾸쯔 아리마스까
りんごは いくつ ありますか。 사과는 몇 개 있습니까?

• この 고노 이   • りんご 링고 사과   • ありますか 아리마스까 있습니까?

★ 円

엔 일본의 화폐단위

일본의 화폐단위는 ¥/円(えん)으로 표시한다. 그 구성을 자세히 살펴보면 다음과 같은데 우선 동전은 1円, 5円, 10円, 50円, 100円, 500円의 6종류가 있으며, 지폐는 1千円, 2千円, 5千円, 1万円 이 있다.

예)
이찌 망 엥
いちまんえん
1万円

산젱 엥
さんぜん えん
3,000円

고쥬- 엥
ごじゅうえん
50円

숫자 읽기

1 いち 이찌	2 に 니	3 さん 상	4 し(よん) 시(용)	5 ご 고
6 ろく 로꾸	7 しち(なな) 시찌(나나)	8 はち 하찌	9 きゅう(く) 큐-(구)	10 じゅう 쥬-
11 じゅういち 쥬-이찌	12 じゅうに 쥬-니	20 にじゅう 니쥬-	30 さんじゅう 산쥬-	40 よんじゅう 욘쥬-
50 ごじゅう 고쥬-	······		100 ひゃく 햐꾸	1,000 せん 셍

Q5 これは いくらですか。 이것은 얼마입니까?

일본 고유의 수 하나, 둘, 셋 …

ひとつ	ふたつ	みっつ	よっつ	いつつ
히또쯔	후따쯔	밋쯔	욧쯔	이쯔쯔
むっつ	ななつ	やっつ	ここのつ	とお
뭇쯔	나나쯔	얏쯔	고꼬노쯔	도-

★ ~て いただけますか ~해 주시겠습니까?

상대방에게 무언가를 정중하게 부탁할 때에 쓰이는 말이다.

아레오 쫃또 미세떼 이따다께마스까

● あれを ちょっと 見せて いただけますか。
저것을 좀 보여주시겠습니까?

쫃또 야스꾸시떼 이따다께마스까

ちょっと 安くして いただけますか。
좀 싸게 해주시겠습니까?

응용 1

이것은 얼마입니까? **これは いくらですか。** 고레와 이꾸라데스까

⇒ 300엔**입니다.**

삼바꾸엔데스
さんびゃく えん
300円です。

1 1,500
셍고햐꾸 엔
せんごひゃくえん
1,500円

2 2,000
니셍 엔
に せん えん
2,000円

3 만
이찌망 엔
いちまんえん
1万円

응용 2

구경하는 것 뿐입니다.

미루다께데스
み
見るだけです。

1 너무 비쌉니다.
다까스기마스
たか
高すぎます

2 너무 화려합니다.
하데스기마스
は で
派手すぎます

3 너무 꽉 낍니다.
기쯔스기마스
きつすぎます

- ~だけ 다께 ~뿐, ~만
- 高い 다까이 비싸다
- 派手だ 하데다 화려하다
- きつい 기쯔이 꽉끼다

1 다음 대화를 듣고 빈칸에 알맞은 답을 골라보세요.

> A これは いくらですか。　　이것은 얼마입니까?
>
> B (　　　　　　)です。　　(　　)입니다.

　　　さんびゃくえん
1　300円

　　　せんごひゃくえん
2　1,500円

　　　に せんえん
3　2,000円

　　　いちまんえん
4　1万円

2 다음 문장을 일본어로 써 보세요.

1　이것은 얼마입니까?

2　너무 비싸군요.

3　그런 말씀 마시고 좀 깎아 주세요.

4　그럼 1,500엔이 어떻습니까?

편리한 こ·そ·あ·ど 지시대명사

앞에서 사물을 나타내는 지시대명사에 관해 배웠다. 여기서는 나머지 지시대명사를 다루어 보기로 한다. こ 고·そ 소·あ 아·ど 도를 활용하면 금방 익힐 수 있으니 이것만은 잊지 말 것!!

	고노 **この** 이	소노 **その** 그	아노 **あの** 저	도노 **どの** 어느
● 지시				
● 장소	고꼬 **ここ** 여기	소꼬 **そこ** 거기	아소꼬 **あそこ** 저기	도꼬 **どこ** 어느
● 방향	고찌라 **こちら** 이쪽	소찌라 **そちら** 그쪽	아찌라 **あちら** 저쪽	도찌라 **どちら** 어느 쪽

해답
1 ④ 1万円
2 ① これは いくらですか。　② 高すぎますね。
　③ そんな こと 言わずに もう ちょっと まけて ください。
　④ それじゃ、1,500円で どうですか。

06 試着しても いいですか。
입어 봐도 됩니까?

옷가게

옷은 개인의 취향이 가장 섬세하게 미치기 때문에 누구나 까다롭게 행동할 수밖에 없다. 그러므로 사이즈에서부터 색상, 옷감의 질 등을 잘 살펴보고 신중하게 선택한다. 교환도 우리가 생각한 만큼 쉽지 않으니 애초에 잘 선택하는 것이 최선. 그리고 유행보다 중요한 건 자신한테 잘 어울리느냐에 있다는 것을 명심하도록 한다.

새로운 단어

- 探す 사가스 찾다
- きつい 기쯔이 꽉 끼다
- サイズ 사이즈 사이즈 size
- あります 아리마스 있습니다 ▶ 원형은 ある 있다
- 少々 쇼-쇼- 잠시
- 試着する 시짜꾸스루 입어보다
- もっと 몯또 좀 더
- 待つ 마쯔 기다리다

店員(てんいん)

무엇을 찾으십니까?

何(なに)を お探(さが)しでしょうか。 나니오 오사가시데쇼-까

金

이거 입어 봐도 됩니까?

これ、試着(しちゃく)しても いいですか。

고레, 시짜꾸시떼모 이-데스까

예, 이쪽으로 오세요.

はい、こちらへ どうぞ。 하이, 고찌라에 도-조

좀 끼는군요.

ちょっと きついですね。 쫃또 기쯔이데스네

좀 더 큰 사이즈가 있습니까?

もっと 大(おお)きい サイズは ありますか。

몯또 오-끼- 사이즈와 아리마스까

예, 있습니다.

はい、あります。 하이, 아리마스

잠시만 기다려 주세요.

少々(しょうしょう) お待(ま)ち ください。 쇼-쇼- 오마찌 구다사이

입어 봐도 되죠?

POINT & 해설

★ ~ても いいですか　~해도 됩니까?, ~해도 좋습니까?

상대방에게 허락을 구하는 표현이다. 단, 명사에는 ~ても い いですか ~떼모 이-데스까 가 아닌 ~でも いいですか ~데모 이-데스까 를 쓴다는 점에 주의하자. 음편에 관한 자세한 이해는 12과를 참조하기 바란다.

예회)
시짜꾸시떼모 이-데스까
試着しても いいですか。　　입어 봐도 됩니까?

하이떼 미떼모 이-데스까
はいて 見ても いいですか。　신어 봐도 됩니까?

와따시모 잇떼모 이-데스까
私も 行っても いいですか。　저도 가도 됩니까?

와따시데모 이-데스까
私でも いいですか。　　　저라도 괜찮습니까?

- はく 하꾸 신다　　・~も ~모 ~도　　・~でも ~데모 ~라도

★ こちらへ どうぞ　　이쪽으로 오세요

손님을 맞이하여 안내할 때에 쓰는 표현이다. どうぞ 도-조 한 마디에 많은 의미가 담겨있다.

이랏샤이마세. 도-조 고찌라에
> いらっしゃいませ。どうぞ こちらへ。
어서오세요. 이쪽으로 오세요.

도-조 고찌라에, 오스와리구다사이
どうぞ こちらへ、おすわりください。
이쪽으로 앉으세요.

• いらっしゃいませ 이랏샤이마세 어서오세요

★ 少々　　　　　　　　　잠시

しょうしょう
少々 쇼-쇼- 가 가진 의미보다는 일본어의 한자에 관해 잠시 설명하고 지나가기로 하겠다. 일본어는 같은 한자가 연이어 나올 경우에는 々표시를 쓰는데 그 예를 들어보면 다음과 같다.

　　　　　　　잠시, 잠깐

쇼-쇼- 오마찌구다사이
しょうしょう　ま
> 少々 お待ちください。　잠시만 기다려 주세요.

　　　　　　　때때로

도끼도끼 찌꼬꾸오 시마스
ときどき　ちこく
> 時々 遅刻を します。　때때로 지각을 합니다.

POINT & 해설

★ お待ちください 기다려 주세요

나보다 손윗사람이나 손님 등에게 권유를 하거나 의뢰를 정중하게 할 때에는 **お** 오 + 동사의 **ます** 마스형 + **ください** 구다사이 형태를 사용한다.

동사의 ます형

동사의 **ます**마스형은 우리말의 **~합니다**에 해당하는 말로, 동사를 정중한 형태로 바꿔주는 것을 말한다. 동사에 관련된 자세한 것은 뒤편의 부록을 있습니다한 뒤 **ます**형에 관해 공부하기로 한다.

1그룹

- 동사의 기본형이 う우 단으로 끝나는 동사 (5단동사라고도 함)
  동사의 끝이 う우, く쿠, ぐ구, す스, つ쯔, ぬ누, ぶ부, む무, る루로 끝난다.

- 끝의 う우 단 → い이 단 + ます마스 (う우 단을 い이 단으로 바꾸고 ます마스 를 붙인다)

  예) 行く 가다 ⇨ 行き + ます ⇨ 行きます 갑니다
  　　이꾸　　　　　　이끼　　마스　　　　이끼마스

2그룹

- 동사의 끝이 る루 로 끝나면서 앞이 い이 단이나 え에 단이 오는 동사
  (い이 단 : 상1단 동사 · え에 단 : 하1단 동사라고도 함)

- 끝의 る루 를 없애고 ます마스 를 붙인다

  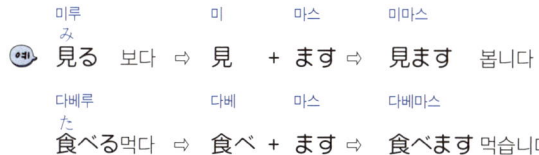

  예회)
  見る 보다 ⇨ 見 + ます ⇨ 見ます 봅니다
  (미루) (미) (마스) (미마스)

  食べる 먹다 ⇨ 食べ + ます ⇨ 食べます 먹습니다
  (다베루) (다베) (마스) (다베마스)

3그룹

- 불규칙적이다 보니 그냥 그대로 암기하는 수밖에 없다.

  예회)
  来る 오다 ⇨ 来ます 옵니다
  (구루)   (기마스)

  する 하다 ⇨ します 합니다
  (스루)   (시마스)

이 ます형을 여러 가지로 활용(다른 말과의 조화를 위해 자신의 기본형태가 바뀌는 것)하면 문장을 다양하게 공부할 수 있다.

예) ~합니다(ます형), ~합니까?, ~하지 않습니다, ~했습니다 등등

(06) 試着しても いいですか。 입어 봐도 됩니까?

POINT & 해설

예) 고꼬니 나마에오 오까끼구다사이
ここに 名前を お書きください。
여기에 이름을 써주세요.

쇼-쇼- 오마찌구다사이
少々 お待ちください。 잠시만 기다려 주세요.

도-조 오하이리구다사이
どうぞ お入りください。 자, 어서 들어오세요.

- 名前 나마에 이름 ・書く 가꾸 쓰다 ・入る 하이루 들어가다

응용1

좀 더 큰 사이즈가 있습니까?

몯또 오-끼- 사이즈와 아리마스까

もっと 大きい サイズは ありますか。

1 다른 색
호까노 이로
ほかの 色

2 좀 더 싼 것
몯또 야스이노
もっと 安いの

응용2

이것과 같은 것은 없습니까?

고레또 오나지 모노와 아리마셍까

これと 同じ ものは ありませんか。

응용3

신어 봐도 됩니까?

하이떼 미떼모 이-데스까

はいて 見ても いいですか。

1 입다
시짜꾸스루
試着する

2 모자를 쓰다
보-시오 가붇떼 미루
帽子を かぶって 見る

3 만져보다
사왇떼 미루
触って 見る

- もっと 몯또 좀 더
- ほか 호까 다른
- 色 이로 색
- 同じ 오나지 같은
- もの 모노 ~것
- 帽子 보-시 모자
- かぶる 가부루 쓰다
- 触る 사와루 닿다, 손을 대다

06 試着しても いいですか。 입어 봐도 됩니까?

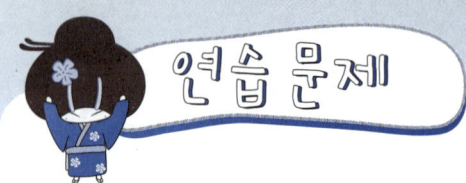 

1 다음 대화를 듣고 빈칸에 알맞은 답을 골라보세요.

> A ちょっと きついですね。 좀 끼는군요.
> もっと (　　　　　) は ありますか。
> 　　　　　　　　　　좀 더 (　　　)가 있습니까?

1. ほかの 色
2. 大きい サイズ
3. これと 同じ もの
4. 安いの

2 다음 문장을 일본어로 써 보세요.

1. 무엇을 찾으십니까?
2. 입어 봐도 됩니까?
3. 좀 더 싼 것은 없습니까?
4. 만져 봐도 됩니까?

사이즈가 안 맞을 때는!?

옷도 가지가지이지만 사람 체형도 가지가지이기는 마찬가지!! 안 맞을 때는 의사표현을 확실하게 할 수 있어야 하겠다.

⇒ **ここが きつすぎますが。** 여기가 너무 끼는데요.
고꼬가 기쯔스기마스가

もっと 大きいのは ありませんか。
못또 오-끼노와 아리마셍까

좀 더 큰 것은 없습니까?

ぴったりです。 딱 맞습니다.
삣따리데스

ゆるいです。 헐렁합니다.
유루이데스

해답
1 ② 大きい サイズ
2 ① 何を お探しでしょうか。　② 試着しても いいですか。
　 ③ もっと 安いのは ありませんか。　④ 触って 見ても いいですか。

06 試着しても いいですか。 입어 봐도 됩니까?

쇼핑

07 この MP3は いくらですか。
이 MP3는 얼마입니까?

가전제품

이제는 우리나라 제품도 월등히 좋아졌지만 과거 한때는 전자제품하면 일본인 시절이 있었다. 우리나라의 용산 전자상가처럼 아키하바라에 전기제품 밀집상가가 있다. 물론 가격도 굿, 만족도도 굿이니 일본에 가시면 한 번 들러 보는 것이 좋다. 하지만 실제 물건을 구입할 경우에는 발품을 팔아야 좀 더 합리적인 가격에 제품을 장만할 수 있다.

새로운 단어

- この 고노 이
- いくら 이꾸라 얼마
- いかがですか 이까가데스까 어떻습니까?
    ▶ 보통 말은 どうですか 도-데스까
- 新製品 신세-힝 신제품
- そうです 소-데스 그렇습니다
- かしこまりました 가시꼬마리마시따 알겠습니다
    ▶ かしこまる 가시꼬마루 의 과거형

이 MP3는 얼마입니까?

金

この MP3は いくらですか。 고노 엠피쓰리와 이꾸라데스까

이것은 어떠십니까?

店員(てんいん)

これは いかがですか。 고레와 이까가데스까

신제품이라서 좀 비쌉니다. 5만엔입니다.

新製品ですから、ちょっと 高いです。
신세-힌데스까라, 쫃또 다까이데스

5万円です。 고망엔데스

좋군요. 좀 더 싼 것은 없습니까?

いいですね。もっと 安いのは ありませんか。
이-데스네. 몯또 야스이노와 아리마셍까·

이것은 3만엔입니다.

これは 3万円です。 고레와 삼망엔데스

이것도 신제품입니까?

これも 新製品ですか。 고레모 신세-힌데스까

예, 그렇습니다.

はい、そうです。 하이, 소-데스

그럼 이것을 주세요.

じゃ、これを ください。 쟈, 고레오 구다사이

예, 알겠습니다.

はい、かしこまりました。 하이, 가시꼬마리마시따

★ いかがですか   어떠십니까?

상대방의 형편을 물을 때나 상대방에게 무엇인가를 권유할 때 쓰는 표현이다. いかがですか 이까가데스까 는 どうですか 도-데스까 **어떻습니까?**의 존경표현이다.

오시고또와 이까가데스까
お仕事は いかがですか。 하시는 일은 어떠십니까?

마-마-데스
⇨ **まあまあです。** ⇨ 그저그렇습니다.

고꼬와 아이스쿠리-무가 오이시-데스. 데자-토니 이까가데스까
**ここは アイスクリームが おいしいです。
デザートに いかがですか。**
여기는 아이스크림이 맛있습니다. 디저트로 먹을 까요?

에-, 소- 시마쇼-
⇨ **ええ、そう しましょう。** ⇨ 예, 그렇게 합시다.

- アイスクリーム 아이스쿠리-무 아이스크림 icecream
- デザート 데자-토 디저트 dessert
- そう しましょう 소-시마쇼- 그렇게 합시다 ▶ ~ます ~합니다 의 의지형(권유형)

~から　　　　　　　　　　　　　　　　　　　　　　~하니까

원인이나 이유를 나타낸다. ~하기 때문에, ~하니까, ~라서 정도의 의미로 보면 된다.

예)
신세-힌데스까라, 쫀또 다까이데스
新製品ですから、ちょっと 高いです。
　　　　　　　　　　　　　　신제품이라서 좀 비쌉니다.

뎅끼가 이-까라, 삼뽀오 시마쇼-
天気が いいから、さんぽを しましょう。
　　　　　　　　　　　　　날씨가 좋으니까 산책을 합시다.

· さんぽ 삼뽀 산책

~から ~까라 는 그 밖에 시간이나 동작 거리등의 시작을 나타내기도 한다.

예)
쥬교-와 난지까라데스까
授業は 何時からですか。 수업은 몇 시부터입니까?

Q7 この MP3は いくらですか。 이 MP3는 얼마입니까? **81**

~を ください
~을 주십시오

ください 구다사이 는 상대방에게 부탁을 하거나 명령할 때 쓰이는 말로 ~を ください 구다사이 ~을(를) 주십시오형태로 쓰이나 회화체에서는 생략하기도 한다.

자, 고레오 구다사이
じゃ、これを ください。　　그럼 이것을 주세요.

다바꼬오 히또하꼬 구다사이
たばこを 一箱 ください。　　담배 한 갑 주세요.

고-히-오 구다사이
コーヒーを ください。　　커피 주세요.

- たばこ 다바꼬 담배 ・一箱 히또하꼬 한 갑 ・コーヒー 고-히- 커피

응용 1

이 MP3는 얼마입니까?

고노 엠피쓰리와 이꾸라데스까
この MP3は いくらですか。

1. 라디오
   라지오
   ラジオ

2. 디지털카메라
   데지카메
   デジカメ

3. CD 플레이어
   씨디푸레-야-
   CDプレイヤー

응용 2

신제품입니다.

신세-힌데스
しんせいひん
新製品です。

1. 소니
   소니-
   ソニー

2. 최신모델
   사이신노 모데루
   さいしん
   最新の モデル

3. 진짜
   홈모노
   はんもの
   本物

Q7 **この MP3は いくらですか。** 이 MP3는 얼마입니까?

1 다음 대화를 듣고 빈칸에 알맞은 답을 골라보세요.

> A これも（　　　　）ですか。　이것도 (　　) 입니까?
>
> B はい、そうです。　　　　　예, 그렇습니다.

1 本物(ほんもの)

2 メーカー

3 新製品(しんせいひん)

4 MP3

2 다음 문장을 일본어로 써 보세요.

1 이것은 어떠십니까?

2 신제품이라서 좀 비쌉니다.

3 최신모델입니다.

4 좀 더 싼 것은 없습니까?

핸드폰·MP3·디지털 카메라

하루가 다르게 쏟아져 나오는 전자제품들, 요즘 많이 쓰이는 것들에는 어떤 것이 있을까?

➡ 携帯 (けいたい)	게-따이	핸드폰
デジカメ / デジタルカメラ	데지카메 / 데지타루카메라	디지털카메라
ワイドテレビ	와이도테레비	와이드TV
ホームシアター	호-무시아타-	홈시어터
DVDプレイヤー	DVD푸레-야-	DVD플레이어
DMBホン	DMB홍	DMB폰
PMP	PMP	PMP

해답

1 ③ 新製品
2 ① これは いかがですか。　② 新製品ですから、ちょっと 高いです。
　③ 最新の モデルです。　　　④ もっと 安いのは ありませんか。

07 この MP3は いくらですか。 이 MP3는 얼마입니까?

쇼핑 08
全部で 1万円です。
ぜんぶ　いちまんえん

전부 만 엔입니다.

식료품

일본은 식료품의 소포장 문화가 발달한 나라이다. 독신자 가구도 많은데다 소식 위주의 식단이라 그런 것 같다. 조금씩 먹을 만큼만 적당히 조리해서 음식물 쓰레기를 줄이려는 노력이 선진국의 시작이 아닐까!? 이번 과에서는 물건 고르는 요령도 익히고 단위에 관해서도 공부하기로 한다.

새로운 단어

- 全部で 젬부데 전부, 다해서
- いらっしゃる 이랏샤루 '오다'의 존경어, 오시다
- みかん 미깡 귤
- ~で ~데 ~에
- 1袋 히또후꾸로 1봉지
- おいしい 오이시- 맛있다

店員(てんいん)

어서 오세요.
いらっしゃいませ。 이랏샤이마세

朴(パク)

이 귤은 얼마입니까?
このみかんは いくらですか。 고노 미깡와 이꾸라데스까

1봉지에 200엔입니다.
1袋(ひとふくろ)で 200円(にひゃくえん)です。 히또후꾸로데 니햐꾸엔데스

비싸군요.
高(たか)いですね。 다까이데스네

매우 맛있습니다.
とても おいしいですよ。 도떼모 오이시-데스요

그럼, 1봉지 주세요.
じゃ、1袋(ひとふくろ) ください。 쟈, 히또후꾸로 구다사이

예, 감사합니다.
はい、ありがとう ございます。 하이, 아리가또-고자이마스

全部で 1万円です。 전부 만엔입니다.

POINT & 해설

いらっしゃいませ　　　　　　　　어서오세요

상점에서 손님을 맞이할 때 쓰는 인사말이다.

예)
이랏샤이마세. 나니까 오사가시데스까
いらっしゃいませ。何か お探しですか。
어서오세요. 무엇을 찾으십니까?

이랏샤이마세. 나니오 사시아게마쇼-까
いらっしゃいませ。何を 差し上げましょうか。
어서오세요. 무엇을 드릴까요?

• 探す 사가스 찾다

全部で　　　　　　　　　　　　　전부

~で ~데 는 물건을 살 때 정도나 수량을 물어볼 때 쓰인다. 여기서는 ~에정도로 해석하면 된다.

예)
젬부데 이꾸라데스까
全部で いくらですか。　　　전부(에) 얼마입니까?

후따쯔데 이꾸라데스까
二つで いくらですか。　　　두 개에 얼마입니까?

히또후꾸로데 고햐꾸엔데스
1袋で 500円です。　　　　1봉지에 500엔입니다.

물건 세는 법

1つ ひとつ 히또쯔 **하나**	2つ ふたつ 후따쯔 **둘**	3つ みっつ 밋쯔 **셋**	4つ よっつ 욧쯔 **넷**	5つ いつつ 이쯔쯔 **다섯**
6つ むっつ 뭇쯔 **여섯**	7つ ななつ 나나쯔 **일곱**	8つ やっつ 얏쯔 **여덟**	9つ ここのつ 고꼬노쯔 **아홉**	十 とお 도- **열**

★ とても
매우, 도저히

とても 도떼모 는 뒤에 어떤 문장이 오느냐에 따라서 그 해석이 달라지는 데 긍정문 앞에서는 **매우**의 뜻으로, 부정문 앞에서는 **도저히**의 뜻으로 쓰인다.

가레와 운도-가 도떼모 죠-즈데스
彼は 運動が とても 上手です。

그는 운동을 매우 잘합니다.

도떼모 아따라시-모노데스
とても 新しい ものです。 매우 싱싱한 것입니다.

도떼모 와따시니와 이께마셍
とても 私には 行けません。 부정

도저히 나로서는 갈 수 없습니다.

• 上手です 죠-즈데스 잘합니다 ▶ 上手だ의 정중형

全部で 1万円です。 전부 만엔입니다.

袋 ふくろ — 봉지

식료품을 살 때에는 아무래도 단위를 나타내는 조수사가 많이 쓰이기 마련이다. 많이 쓰이는 조수사에 관해 알아보자. 조수사 부록 참조

히또후꾸로 ひと袋(ふくろ) 한 봉지	후따후꾸로 ふた袋(ふくろ) 두 봉지
히또하꼬 ひと箱(はこ) 한 상자, 한 갑	후따하꼬 ふた箱(はこ) 두 상자, 두 갑
히또쯔부 ひと粒(つぶ) 한 알	후따쯔부 ふた粒(つぶ) 두 알

응용 1

전부 만 엔입니다.

젬부데 이찌망엔데스
全部で 1万円です。

1 100그램에 200엔
하꾸구라무데 니햐꾸엔
100グラムで 200円

2 1개에 3000엔
히또쯔 상젱엔
一つ 3,000円

응용 2

정찰제입니다.

데-까세-데스
定価制です。

1 새로운 것
아따라시- 모노
新しい もの

2 국산
캉꼬꾸노모노
韓国のもの

3 일본제
니혼노 모노
日本の もの

4 소니 것
소니-노 모노
ソニーの もの

- グラム 구라무 그램 무게를 재는 단위
- 定価制 데-까세- 정찰제
- 韓国 캉꼬꾸 한국
- 日本 니홍 일본
- ソニー 소니- 일본의 전자제품회사 sony

全部で 1万円です。 전부 만엔입니다.

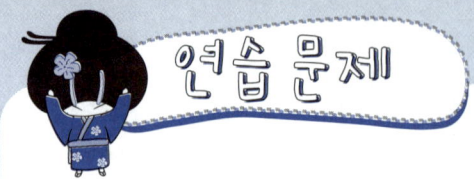

1 다음 대화를 듣고 빈칸에 알맞은 답을 골라보세요.

> A この みかんは いくらですか。 이 귤은 얼마입니까?
>
ひと ふくろ
> B 1袋で (　　　)です。　　　1봉지에 (　)입니다.

1　100円

2　200円

3　300円

4　500円

2 다음 문장을 일본어로 써 보세요.

1　전부 만 엔입니다.

2　1개에 3,000엔입니다.

3　국산입니다.

4　정찰제입니다.

뭐니뭐니해도 국산이 최고야!

이제는 더 이상 외제만을 고집하지 않아도 될 만큼 우리제품의 품질이 향상되었죠.

⇒ **これは 韓国の ものですか。** 이것은 한국 것입니까?
고레와 캉꼬꾸노 모노데스까

はい、そうです。 예, 그렇습니다.
하이, 소-데스

- **日本製** 니혼세- 일본제   **フランス製** 후란스세- 프랑스제

  イタリア製 이타리아세- 이탈리아제

해답
1 ② 200円
2 ① 全部で 1万円です。 ② 一つ 3,000円です。
  ③ 韓国のものです。   ④ 定価制です。

Q8 **全部で 1万円です。** 전부 만엔입니다.

쇼핑

09 デザインが 気に 入りません。
디자인이 마음에 들지 않습니다.

교환

앞에서도 말한 바 있지만 상품은 구입 시에 신중한 선택을 해야지 일본 같은 나라에서는 교환이나 환불이 그리 만만한 일이 아니다. 제품에 이상이 있거나 마음에 들지 않은 경우라면 사정을 설명하고 교환을 요구한다. 영수증 챙기는 것은 기본 중의 기본이며, 현명한 소비 의식을 갖고 움직이도록 한다.

새로운 단어

- ズボン 즈봉 바지
- 取り換える 도리까에루 바꾸다, 교환하다
- ~て ほしい ~떼 호시- ~하기 원하다, 바라다
- デザイン 데자잉 디자인 design
- 気に 入る 기니 이루 마음에 들다
- ほか 호까 다른
- もちろん 모찌롱 물론
- いろいろ 이로이로 여러 가지
- うち 우찌 집
- いちばん 이찌방 가장, 제일
- 売れる 우레루 팔리다

パク
朴

이 바지를 바꾸고 싶은데요.

この ズボンを 取り換えて ほしいんですが。
고노 즈봉오 도리까에떼 호시인데스가

てんいん
店員

왜 그러십니까?

どうかなさいましたか。도-까나사이마시따까

디자인이 마음에 들지 않습니다.

デザインが 気に 入りません。 데자잉가 기니 이리마셍

다른 디자인은 없습니까?

ほかの デザインは ありませんか。 호까노 데자잉와 아리마셍까

물론 여러 가지 있습니다.

もちろん いろいろ あります。 모찌롱 이로이로 아리마스

이것은 어떠십니까?

これは いかがですか。 고레와 이까가데스까

저희 집에서 가장 잘 팔립니다.

うちで いちばん 売れて います。 우찌데 이찌방 우레떼 이마스

좋군요.

いいですね。 이-데스네

デザインが 気に 入りません。 디자인이 마음에 들지 않습니다.

POINT & 해설

~て ほしい
~해 줬으면 좋겠다

상대방에게 어떤 행동을 바라는 뜻으로 쓰이며 ~해 줬으면 좋겠다정도로 해석하면 된다.

예문) 고노 즈봉오 도리까에떼 호시인데스가
この ズボンを 取り換えて ほしいんですが。
이 바지를 바꾸고 싶은데요.

하야꾸 못떼 기떼 호시인데스가
早く 持って 来て ほしいんですが。
빨리 갖다 주었으면 좋겠는데요.

가엣떼 기따라 뎅와시떼 호시인데스가
帰って 来たら 電話して ほしいんですが。
돌아오면 전화해 줬으면 좋겠는데요.

- 早く 하야꾸 빨리
- 帰る 가에루 돌아오다
- 持つ 모쯔 가지다, 갖다
- 電話 뎅와 전화

ほしい
~을(를) 갖고 싶다

ほしい 호시-가 단독으로 쓰일 때에는 갖고 싶다, 자기 것으로 하고 싶다는 의미이다. 그리고 ~을 갖고 싶은 대상에는 조사 ~を가 아닌 ~が를 쓴다.

와따시와 엠피쓰리가 호시-데스
- 私は MP3が ほしいです。　나는 MP3를 갖고 싶습니다.

기무라꿍와 돈나모노가 호시-데스까
- 木村君は どんなものが ほしいですか。
기무라군은 어떤 것을 갖고 싶습니까?

★ 気に 入る　　마음에 들다

마음에 들다라는 관용표현이므로 잘 익혀두기로 한다.

기니 이리마셍
- 気に 入りません。　마음에 들지 않습니다.

기니 일따 데자잉
　気に 入った デザイン　마음에 드는 디자인

기니 일따 가모꾸
　気に 入った 科目　마음에 드는 과목

気が 合う　　마음이 맞다

가노죠또와 기가 아이마스
- 彼女とは 気が 会います。　그녀와는 마음이 맞습니다.

気に する　　마음에 두다, 걱정하다

기니 시나이데 구다사이
- 気に しないで ください。　마음에 두지 마세요.

Q9 デザインが 気に 入りません。 디자인이 마음에 들지 않습니다.

~で ~에서

여기서의 ~で ~데 는 동작이 행해지는 장소를 나타낸다.

고-엔데 도모다찌니 아이마시따
예 公園で 友だちに 会いました。
공원에서 친구를 만났습니다.

바스와 도꼬데 노리마스까
バスは どこで 乗りますか。 버스는 어디에서 탑니까?

- 公園 고-엥 공원
- 友だち 도모다찌 친구
- ~に 会う ~니 아우 ~를 만나다
- バス 바스 버스 bus
- 乗る 노루 타다

いちばん 가장, 제일

우찌데 이찌방 우레떼 이마스
예 うちで いちばん 売れて います。
저희 집에서 가장 잘 팔립니다.

이찌방 스끼나 가모꾸와 난데스까
いちばん 好きな 科目は 何ですか。
가장 좋아하는 과목은 무엇입니까?

스-가꾸데스
→ 数学です。 ⇨ 수학입니다.

- 科目 가모꾸 과목
- 数学 스-가꾸 수학

응용1

이 바지를 바꾸고 싶은데요.

고노 즈봉오 도리까에떼 호시인데스가
この ズボンを 取り換えて ほしいんですが。

1. 지갑
사이후
さいふ
財布

2. 넥타이
네쿠타이
necktie
ネクタイ

3. 티셔츠
T샤츠
T-shirt
Tシャツ

응용2

마음에 들지 않습니다.

기니 이리마셍
気に 入りません。

1. 흠집이 있습니다.
기즈가 아리마스
きず
傷が あります

2. 얼룩이 있습니다.
시미가 아리마스
しみが あります

3. 어울리시 않습니다.
니아와나이데스
に あ
似合わないです

- 傷 기즈 흠집
- しみ 시미 얼룩
- 似合う 니아우 어울리다

⊙9 デザインが 気に 入りません。 디자인이 마음에 들지 않습니다.

1 다음 대화를 듣고 빈칸에 알맞은 답을 골라보세요.

> A この ズボンを 取り換えて ほしいんですが。
> 이 바지를 바꾸고 싶은데요.
>
> B どうかなさいましたか。 왜 그러십니까?
>
> A (   )

1. 気に 入りません。
2. しみが あります。
3. 似合わないです。
4. 傷が あります。

2 다음 문장을 일본어로 써 보세요.

1. 이 지갑을 바꾸고 싶은데요.
2. 다른 디자인은 없습니까?
3. 여러 가지 있습니다.
4. 저희 집에서 가장 잘 팔립니다.

全部で로 정리해 버립시다!!!

상품을 구입한 후 가격을 물어볼 때 우리는 보통 **전부 얼마입니까?**라는 표현을 쓴다. 그러면 보통 全部 いくらですか。 젬부 이꾸라데스까 라고 하기 쉬운데 이럴 때는 **全部で いくらですか。** 젬부데 이꾸라데스까 라고 해야 한다. 여기서 で 는 기준이나 수량을 나타내는 말이며, 전체적인 의미는 **전부해서·전부합해서**의 뜻이다.

→ **全部で 1,000円です。** 전부 1,000엔입니다.
  젬부데 셍엔데스

→ **みんなで いくらですか。** 모두 얼마입니까?
  민나데 이꾸라데스까

  二つで 100円です。 두 개에 100엔입니다.
  후따쯔데 햐꾸엔데스

해답
1 ① 気に 入りません。
2 ① この 財布を 取り換えて ほしいんですが。 ② ほかの デザインは ありませんか。
  ③ いろいろ あります。 ④ うちで いちばん 売れて います。

09 デザインが 気に 入りません。 디자인이 마음에 들지 않습니다.

초대

일본인과 초대·방문 등의 밀접한 관계를 맺으려면 평소보다 더욱 신중함이 요구된다. 원래 남을 초대하는 것에 익숙하지 않은 만큼 초대받은 사람으로서 최대한 감사함을 표시하고 사정이 있어 가지 못할 경우에는 상대방에게 양해를 구하도록 한다. 또한 남의 집을 방문할 때에 시간 약속 지키는 것은 기본 중의 기본이다.

새로운 단어

- 運動 운도- 운동
- 忙しい 이소가시- 바쁘다
- 週末 슈-마쯔 주말
- 土曜日 도요-비 토요일
- お目にかかる 오메니가까루 뵙다 ▶ あう 아우 만나다의 겸손한 말
- このごろ 고노고로 요즘
- まあまあだ 마-마-다 그저그렇다
- 遊ぶ 아소부 놀다
- 夜 요루 저녁

金

안녕하세요.
おはよう ございます。 오하요- 고자이마스

よしだ
吉田

안녕하세요. 운동하십니까?
おはよう ございます。 오하요- 고자이마스
うんどう
運動ですか。 운도-데스까

예, 그렇습니다.
はい、そうです。 하이, 소-데스

요즘도 바쁘십니까?
いそが
このごろも 忙しいですか。 고노고로모 이소가시-데스까

그저 그렇습니다.
まあまあです。 마-마-데스

그럼, 이번 주말에 저희 집에 놀러 오지 않겠습니까?
しゅうまつ　うち　あそ　　き
じゃ、こんどの 週末に 家へ 遊びに 来ませんか。
쟈, 곤도노 슈-마쯔니 우찌에 아소비니 기마셍까

예, 좋습니다.
ええ、けっこうです。 에-, 겍꼬-데스

그럼, 토요일 저녁, 집에서 뵙겠습니다.
どようび　よる　うち　　め
じゃ、土曜日の 夜、家で お目に かかります。
쟈, 도요-비노 요루, 우찌데 오메니 가까리마스

⑩ このごろも 忙しいですか。요즘도 바쁘십니까?

POINT & 해설

★ まあまあです　　　　　　　　　　그저 그렇습니다

고노고로모 이소가시-데스까
- このごろも 忙しいですか。　　요즘도 바쁘십니까?

　마마-데스
⇒ まあまあです。　　　　그저 그렇습니다.

오시고또와 도-데스까
お仕事は どうですか。　　하시는 일은 어떻습니까?

　마마-데스
⇒ まあまあです。　　　　그저 그렇습니다.

★ ～に　　　　　　　　　　　　　　～에(시간)

동작이 행해지는 시간을 나타내는 に 니 에 관해서 살펴보기로 하겠다.

슈-마쯔니 우찌에 아소비니 기마셍까
- 週末に 家へ 遊びに 来ませんか。
주말에 집에 놀러 오지 않겠습니까?

　에-, 겍꼬-데스
⇒ ええ、けっこうです。　　⇨ 예, 좋습니다.

와따시와 로꾸지니 오끼마스

 わたしは 6時に 起きます。 나는 6시에 일어납니다.

- 起きる 오끼루 일어나다

~へ   ~에 장소

장소를 나타내는 조사이나 방향성의 느낌이 강하다. 이 へ 에 는 조사로 쓰일 경우 헤가 아닌 에로 읽는 것에 주의하여야 한다.

아시따 도꼬에 이끼마스까

 あした どこへ 行きますか。 내일 어디에 갑니까?

니혼에 이꾸 쯔모리데스

日本へ 行く つもりです。 일본에 갈 작정입니다.

도-꾜-에끼에 이꾸 바스데스까

東京駅へ 行く バスですか。 도쿄역에 가는 버스입니까?

⑩ このごろも 忙しいですか。 요즘도 바쁘십니까?

POINT & 해설

★ お目にかかります   뵙겠습니다

お + 目に + かかる 오메니가까루 는 会う 아우 만나다의 겸양어 자신을 낮춰서 결국 상대방을 높이는 경우이다. 예를 들어,

예1
うちで오메니가까리마스
家で お目にかかります。   집에서 뵙겠습니다.

마에니 이찌도 오메니가까리마시따
前に 一度 お目にかかりました。
전에 한 번 뵈었습니다.

오메니 가까리따이또 오못떼 이마시따
お目に かかりたいと 思って いました。
만나 뵙고 싶었습니다.

- 前 마에 전, 전에
- 一度 이찌도 한 번
- 思う 오모우 생각하다

응용 1

주말에 집에 놀러 오지 않겠습니까?

슈-마쯔니 우찌에 아소비니 기마셍까

週末に 家へ 遊びに 来ませんか。

1. 식사에 초대하고 싶습니다.　쇼꾸지니 쇼-따이시따이데스
食事に 招待したいです

2. 집에 초대하고 싶습니다.　우찌니 쇼-따이시따이데스
家に 招待したいです

응용 2

예, 좋습니다.

에-, 겟꼬-데스

ええ、けっこうです。

1. 꼭 가겠습니다.　제히 이끼마스
ぜひ 行きます

2. 가고 싶습니다만, 약속이 있습니다.
이끼따인데스가, 약소꾸가 아리마스
行きたいんですが、約束が あります

- **食事** 쇼꾸지 식사　・**招待** 쇼-따이 초대　・**ぜひ** 제히 부디, 제발　・**約束** 약소꾸 약속

⑩ このごろも 忙しいですか。요즘도 바쁘십니까?

1 다음 대화를 듣고 빈칸에 알맞은 답을 골라보세요.

> A 週末に 家へ 遊びに 来ませんか。
> 주말에 저희 집에 놀러 오지 않겠습니까?
>
> B ( ) ( )

1 ええ、けっこうです。

2 はい、そうです。

3 お目にかかります。

4 まあまあです。

2 다음 문장을 일본어로 써 보세요.

1 요즘도 바쁘십니까?

2 그럼, 토요일 저녁, 집에서 뵙겠습니다.

3 꼭 가겠습니다.

4 가고 싶습니다만, 약속이 있습니다.

거절 시에는 반드시 사정을 설명할 것!!

피치 못할 사정으로 초대에 응하지 못할 때에는 유감의 표시를 나타내며 상대방에게 사정을 말하는 것이 예의이다. 그리고 초대해준 사람에 대한 고마움은 반드시 표현할 것!! 말 한마디가 상대방의 마음을 열게 해주기 마련이다. 더구나 일본처럼 신의를 중요시하는 사회라면 더욱 그렇지 않을까?

→ お申し出は ありがたいのですが~   말씀은 고맙지만~
오모-시데와 아리가따이데스가 ~

行きたいんですが~   가고 싶지만~
이끼따인데스가~

すみませんが~   미안합니다만~
스미마셍가~

해답

1 ① ええ、けっこうです。
2 ① このごろも 忙しいですか。 ② じゃ、土曜日の 夜、家で お目にかかります。
  ③ ぜひ 行きます。 ④ 行きたいんですが、約束が あります。

⑩ このごろも 忙しいですか。요즘도 바쁘십니까?

초대·방문

11 どうぞ お上(あ)がりください。
어서 들어오세요.

방문

초대를 받았을 경우에는 기쁜 마음으로 정성이 담긴 작은 선물을 준비한다. 일본인들은 어려서부터 남에게 폐 끼치는 것이 가장 나쁜 것이라는 교육을 받고 자란다. 그러므로 현관의 신발 정리에서부터 당신의 평소 습관이 드러나게 마련, 그리고 집주인의 친절에는 반드시 감사의 의사를 전달할 것!!

새로운 단어

- ごめんください 고멩구다사이 실례합니다
- お上(あ)がりください 오아가리구다사이 들어오세요
- おじゃまします 오쟈마시마스 실례하겠습니다
- おみやげ 오미야게 방문할 때 들고 가는 간단한 선물
- お茶(ちゃ) 오쨔 차

실례합니다.

ごめんください。 고멩구다사이

李

이씨, 어서 오세요. 어서 들어오세요.

李さん、いらっしゃいませ。 이상, 이랏샤이마세

山田
どうぞ お上がりください。 도-조 오아가리구다사이

실례하겠습니다. 이것은 선물입니다.

おじゃまします。 오쟈마시마스

これは おみやげです。 고레와 오미야게데스

이쪽으로 오세요.

どうぞ こちらへ。 도-조 고찌라에

잠시만 기다리세요. 차를 내오겠습니다.

少々 お待ちください。 쇼-쇼- 오마찌구다사이

お茶を 入れますから。 오쨔오 이레마스까라

예, 고맙습니다.

はい、ありがとう ございます。 하이, 아리가또- 고자이마스

자, 차 드세요.

さあ、お茶を どうぞ。 사-, 오쨔오 도-조

⑪ どうぞ お上がりください。 어서 들어오세요.

★ ごめんください   실례합니다

남의 집이나 회사 등을 방문할 때에 들어서며 하는 말로 **실례합니다, 누구 안 계십니까?**의 의미이다. 보통어는 ごめんなさい。 고멘나사이 라는 표현이 된다.

예)
고멩구다사이
ごめんください。   실례합니다.

도나따사마데스까
どなたさまですか。   누구십니까?

• どなたさま 도나따사마 누구 ▶ だれ 누구의 공손한 말씨

★ お~ ください   ~해 주십시오

6과에서 나왔지만 다시 한 번 표현들을 확인하자.

예)
오아가리구다사이
お上がりください。   올라오세요.(들어오세요.)

오마찌 구다사이
お待ちください。   기다려 주세요.

오모찌 구다사이
お持ちください。   들어 주세요.

오까께 구다사이
お掛けください。   앉으세요.

★ どうぞ   부디, 제발

앞에서도 언급한 바 있지만, 방문과 관련지어 표현들을 익혀보기로 한다.

도-조 오하이리 구다사이
예회 どうぞ お入りください。 어서 올라오세요.(들어오세요.)

도-조 고찌라에
どうぞ こちらへ。   이쪽으로 오세요.

오짜오 도-조
お茶を どうぞ。   차 드세요.

도-조 오라꾸니
どうぞ お楽に。   편히 쉬세요.

• 楽 라꾸 편안함

⑪ どうぞ お上がりください。 어서 들어오세요.   113

POINT & 해설

★ 맞이할 때 쓰는 말

손님을 맞이할 때 건네면 좋은 말들이다.

요꾸 이랏샤이마시따
よく いらっしゃいました。 잘 오셨습니다.

마따 오이데 구다사이
また おいで ください。 또 오십시오.

오마찌시떼 이따 도꼬로데스
お待ちして いた ところです。
기다리고 있던 참입니다.

• おいで 오이데 来る 오다의 높임말   • ~た ところ ~따 도꼬로 ~한 참

ようこそ

상대방의 방문을 환영하는 말로 이 자체만으로도 훌륭한 인사가 된다.

요-꼬소
ようこそ。 잘 오셨습니다.

요-꼬소 오이데 구다사이마시따
ようこそ おいで くださいました。
잘 오셨습니다.

응용 1

> 자, 올라오세요.
>
> 도-조 오아가리 구다사이
> どうぞ お上（あ）がりください。

1. 이쪽으로 앉으세요   고찌라에 오까께구다사이
   こちらへ おかけください

2. 의자에 앉으세요   이스에 오까께구다사이
   いすへ おかけください

응용 2

> 차 드세요.
>
> 오짜오 도-조
> お茶（ちゃ）を どうぞ。

1. 커피를 내오겠습니다.   고-히-오 이레마스까라
   コーヒーを 入（い）れますから

2. 자, 개익치 마시고.(드세요)   도-조, 오까마이나꾸
   どうぞ、おかまいなく

- いす 이스 의자 ・かける 가께루 앉다 ・コーヒーを 入（い）れる 고-히-오 이레루 커피를 내다
- おかまいなく 오까마이나꾸 개의치 말고, 상관 말고

⑪ どうぞ お上がりください。어서 들어오세요.

1 다음 대화를 듣고 빈칸에 알맞은 답을 골라보세요.

> A 李さん、いらっしゃいませ。 이씨, 어서 오세요.
> どうぞ お上がりください。 어서 올라오세요.
>
> B ( ) ( )

1 おじゃまします。
2 コーヒーを 入れますから。
3 お茶を どうぞ。
4 どうぞ こちらへ。

어서 안으로 들어오세요.

저, 왔어요~

2 다음 문장을 일본어로 써 보세요.

1 이쪽으로 오세요.
2 의자에 앉으세요.
3 커피를 내오겠습니다.
4 자, 차 드세요.

알아두면 유익한 접대성 멘트!!

> おいしそうですね。　　맛있어 보이네요.
> 오이시소-데스네
>
> すごく おいしかったです。　너무 맛있었어요.
> 스고꾸 오이시깓따데스
>
> こんな 料理は 今まで 食べたことが ありません。
> 곤나 료-리와 이마마데 다베따고또가 아리마셍
>
> 이런 요리는 먹어본 적이 없습니다.

해답
1 ① おじゃまします。
2 ① どうぞ こちらへ。　　② いすへ おかけください。
　③ コーヒーを 入れますから。　④ さあ、お茶を どうぞ。

今 何時ですか。
지금 몇 시입니까?

시간

일상생활에서 화젯거리로 삼을 만한 주제가 많이 있다면 대화가 얼마나 부드럽게 이어질 수 있을까? 화제에 올릴 만한 내용도 좋겠지만 우선은 가장 기본적인 시간이나 가족, 거주지 등에 관한 대화를 나눠보고 상대방에 대해 권유를 할 때에 쓰이는 표현에 관해서도 알아보기로 한다.

새로운 단어

- 今 이마 지금
- 4時20分 요지 니집뿡 4시 20분
- こんな 곤나 이런
- 塾 쥬꾸 학원
- 5時 고지 5시
- 行く 이꾸 가다
- 何時 난지 몇 시
- もう 모- 이제, 벌써
- 時間 지깡 시간
- から 까라 ~부터
- 早く 하야꾸 빨리
- 急ぐ 이소구 서두르다, 급하다

李

지금 몇 시입니까?
今 何時ですか。 이마 난지데스까

中村
なかむら

4시 20분입니다.
4時 20分です。 요지 니집뿐데스

아! 시간 가는 줄도 몰랐네요.
ああ! もう こんな 時間ですね。 아-! 모- 곤나 지깐데스네

학원은 몇 시부터입니까?
塾は 何時からですか。 쥬꾸와 난지까라데스까

5시부터입니다.
5時からです。 고지까라데스

그럼 빨리 가야겠군요.
じゃあ、早く 行かなくちゃ。 쟈-, 하야꾸 이까나꾸쨔

서둘러주세요.
急いで ください。 이소이데 구다사이

⑫ 今 何時ですか。 지금 몇 시입니까? 119

POINT & 해설

★ 시간

시간을 읽는 방법에 관해 공부하기로 한다. 4시나 9시의 발음에 주의하며 큰소리로 읽어보자.

시간을 나타내는 표현

1시 いちじ 1時 이찌지	2시 にじ 2時 니지	3시 さんじ 3時 산지	4시 よじ 4時 요지
5시 ごじ 5時 고지	6시 ろくじ 6時 로꾸지	7시 しちじ 7時 시찌지	8시 はちじ 8時 하찌지
9시 くじ 9時 구지	10시 じゅうじ 10時 쥬-지	11시 じゅういちじ 11時 쥬-이찌지	12시 じゅうにじ 12時 쥬-니지

이마 난지데스까
今 何時ですか。 지금 몇 시입니까?

이마 구지데스
⇨ 今 9時です。 ⇨ 지금 9시입니다.

★ 분

다음은 분을 표현하는 방법이다. 3분, 4분, 6분, 8분, 10분 등에 주의한다.

분을 나타내는 표현

1분	2분	3분	4분
いっぷん	にふん	さんぷん	よんぷん
1分	2分	3分	4分
입뿡	니훙	삼뿡	욤뿡

5분	6분	7분	8분
ごふん	ろっぷん	しちふん・なな ふん	はちふん・はっぷん
5分	6分	7分	8分
고훙	롭뿡	시찌훙 나나훙	하찌훙 합뿡

9분	10분		
きゅうふん	じゅっぷん・じっぷん		
9分	10分		
큐-훙	즙뿡 집뿡		

POINT & 해설

★ から　　　　　　　　　　~부터

~부터의 의미로 쓰이며 그 활용 예는 다음과 같다. 주로 ~から ~まで ~까라 ~마데 ~부터 ~까지의 형태로 많이 쓰인다.

에-교-와 난지까라데스까
営業は 何時からですか。　영업은 몇 시부터입니까?

구지한까라데스
⇨ 9時半までです。　　⇨ 9시 반부터입니다.

• 営業 에-교- 영업

★ ~て ください　　　　　　~해 주십시오

ください 구다사이 ~주십시오가 동사의 て떼 형에 연결하여 상대방에게 의뢰의 의미로 쓰인다. て떼 형 즉, 동사에 て떼 ~고, ~서가 붙으려면 음을 편하게 발음하기 위한 음편이라는 현상이 일어난다. 이 발음을 편하게 하기 위한 현상인 음편은 동사가 て·た·たり 등과 합쳐질 때 일어난다.
2그룹동사나 3그룹 동사는 동사의 정중형, 즉 ます형에 그냥 て·た·たり를 연결시켜주면 되고, 1그룹동사만이 그 형태가 바뀐다. *단 す로 끝나는 동사는 제외된다. 동사에 관한 설명은 부록 참조

동사의 て형

> 어간 : 동사의 변하지 않는 부분(활용하지 않는다)
> 어미 : 동사의 변하는 부분(활용한다)

い음편	어미 -く(-ぐ)	⇒	-いて(で)
촉음편	어미 -う・-つ・-る	⇒	-っ촉음て
발음편	어미 -ぬ・-ぶ・-む	⇒	-んで

가꾸 書く 쓰다	가이떼 書いて 쓰고	가이따 書いた 썼다	가이따리 書いたり 쓰기도 하고
가우 買う 사다	갇떼 買って 사고	갇따 買った 샀다	갇따리 買ったり 사기도 하고
시누 死ぬ 죽다	신데 死んで 죽고	신다 死んだ 죽었다	신다리 死んだり 죽기도 하고

(12) 今 何時ですか。 지금 몇 시입니까?

POINT & 해설

음편에서 예외가 되는 동사

1 行く는 어미는 く로 끝나지만 촉음편을 한다.

| 이꾸
行く 가다 | 읻떼
行って 가고 | 읻따
行った 갔다 | 읻따리
行ったり 가기도 하고 |

2 어미가 す로 끝나는 동사는 음편현상이 일어나지 않는다. 그냥 る동사나 불규칙 동사처럼 동사의 ます형에 연결시키면 된다.

| 하나스
話す 말하다 | 하나시떼
話して 말하고 | 하나시따
話した 말했다 | 하나시따리
話したり 말하기도 하고 |

예)

이소이데 구다사이
急いで ください。　　　서둘러 주세요.

오시에떼 구다사이
教えて ください。　　　가르쳐 주세요.

가이떼 구다사이
書いて ください。　　　써 주세요.

- 急ぐ 이소구 서두르다
- 教える 오시에루 가르치다

응용 1

지금 몇 시입니까?　今 何時ですか。 이마 난지데스까

> ⇒ 지금 9시입니다.
>
> 이마 쿠지데스
> 今 9時です。

1 4시 20분
요지 니집뿡
4時 20分

2 오후 2시
고고 니지
午後 2時

3 10시 반
쥬-지한
10時半

4 4시 5분전
요지 고훔마에
4時 5分前

5 정각 1시
쬬-도 이찌지
ちょうど 1時

6 3시 지남
산지스기
3時すぎ

하루는 몇 시간입니까?　一日は 何時間ですか。 이찌니찌와 난지깐데스까

⇨ 24시간입니다.　→ 24時間です。 니쥬-요지깐데스

- 午後 고고 오후
- ~半 ~항 ~반
- ちょうど 쬬-도 정각
- ~すぎ ~스기 ~지남
- 一日 이찌니찌 하루
- 何時間 난지깡 몇 시간

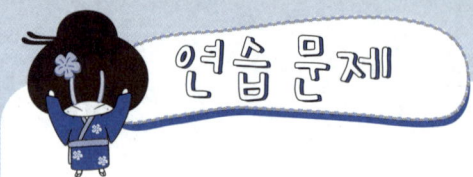 

1 다음 대화를 듣고 빈칸에 알맞은 답을 골라보세요.

> A 今 何時ですか。　　　　지금 몇 시입니까?
> (いま なんじ)
>
> B (　　　　　　　　) (　　　　　)

1 10時半です。(じゅうじはん)

2 3時すぎです。(さんじ)

3 ちょうど 9時です。(くじ)

4 4時 5分前です。(よじ ごふんまえ)

2 다음 문장을 일본어로 써 보세요.

1 지금 몇 시입니까?

2 정각 1시입니다.

3 10시 반입니다.

4 하루는 몇 시간입니까?

시간을 좀 더 세련되게 표현하는 방법!!

앞에서 배운 시간을 표현하는 여러 가지 방법을 다시 한번 정리해 보기로 한다. 단순히 몇 시 몇 분으로만 표현하지 말고 다양한 표현을 익혀 활용하자.

→ 今 何時ですか。 　　　　　지금 몇 시입니까?
　　이마 난지데스까

　ちょうど 10時 　　　　　정각 10시
　　쬬-도 쥬-지

　9時 5分前 　　　　　　9시 5분 전
　　구지 고훈마에

　2時すぎ 　　　　　　　2시 지남
　　니지스기

　合っている 時計 　　　　맞는 시계
　　앝떼 이루 도께-

해답	1 ③ ちょうど 9時です。
	2 ① 今 何時ですか。　　　② ちょうど1時です。
	③ 10時半です。　　　　④ 一日は 何時間ですか。

⑫ 今 何時ですか。 지금 몇 시입니까? 127

대화 13
大家族ですね。うらやましいです。
대가족이네요. 부럽군요.

가족

요즘같이 핵가족화 된 시대에는 대가족을 보기가 그리 쉽지 않다. 더욱이 일본 같이 노령화사회가 빠른 시일 내에 이루어진 곳은 더욱 그렇다. 고도화된 사회에 발맞춰 변한 것이긴 하지만 몇 세대가 모여 티격태격하면서도 서로 오순도순 느리게 굴러가는 사회가 그리워지는 건 왜일까!?

새로운 단어

- 何人家族 난닝까조꾸 몇 식구
- 大家族 다이까조꾸 대가족
- 兄弟 쿄-다이 형제
- うらやましい 우라야마시- 부럽다
- 何番目 남밤메 몇 번째
- 三番目 삼밤베 세 번째
- 上 우에 위
- お兄さん 오니-상 형, 오빠
- お姉さん 오네-상 언니, 누나
- ひとりぐらし 히또리구라시 혼자 삶

김씨는 몇 식구입니까?

吉田

金さんは 何人家族ですか。 김상와 난닝까조꾸데스까

7명입니다. 형제는 5명입니다.

金

7人です。兄弟は 5人です。 시찌닌데스. 쿄-다이와 고닌데스

대가족이네요. 부럽군요. 당신은 몇 번째입니까?

大家族ですね。うらやましいです。

다이까조꾸데스네. 우라야마시-데스

金さんは 何番目ですか。 김상와 남밤메데스까

세 번째입니다.

三番目です。 삼밤메데스

위는 형님입니까? 누님입니까?

上は お兄さんですか。 우에와 오니-산데스까

お姉さんですか。 오네-산데스까

형님이 둘입니다. 요시다씨는 몇 식구입니까?

兄が 二人です。 아니가 후따리데스

吉田さんは 何人家族ですか。 요시다상와 난닝까조꾸데스까

혼자 삽니다.

ひとりぐらしです。 히또리구라시데스

⑬ 大家族ですね。うらやましいです。 대가족이네요. 부럽군요.

POINT & 해설

★ 何人家族
몇 식구

何人 난닝 은 지시대명사 何 나니 무엇에 조수사 人을 붙여 몇 명이라는 뜻을 나타낸다. 그러므로 何人家族 난닝가조꾸 는 가족이 몇 명인지, 즉 가족의 수를 묻는 표현이다.

사람을 셀 때

1人 ひとり 히또리 **한 명**	2人 ふたり 후따리 **두 명**	3人 さんにん 산닝 **세 명**	4人 よにん 요닝 **네 명**
5人 ごにん 고닝 **다섯 명**	6人 ろくにん 로꾸닝 **여섯 명**	7人 しち・ななにん 시찌 나나닝 **일곱 명**	8人 はちにん 하찌닝 **여덟 명**
9人 きゅうにん 큐닝 **아홉 명**	10人 じゅうにん 쥬닝 **열 명**	何人 なんにん 난닝 **몇 명**	

예) 何人家族ですか。 난닝가조꾸데스까   가족이 몇 명입니까?

⇒ 4人家族です。 요닝가조꾸데스   ⇨ 네 식구입니다.

★ 大家族   대가족

핵가족, 아니면 독신가구가 급증하고 있는 시점에서 대가족이 주는 따스함은 우리를 저절로 미소 짓게 하곤 한다.

다이까조꾸
大家族 대가족

가꾸까조꾸
核家族 핵가족

하나노 독신끼조꾸
華の 独身貴族 화려한 싱글

★ 何番目   몇 번째

~目 ~메 라는 것은 순서를 나타내는 말로 우리말의 ~째에 해당된다.

기무상와 남밤메데스까
金さんは 何番目ですか。 김 씨는 몇 번째입니까?

쿄-다이노 나까데 남밤메데스까
兄弟の 中で 何番目ですか。 형제 중에 몇 번째입니까?

와따시와 삼밤메데스
私は 三番目です。 ⇨ 저는 세 번째입니다.

⑬ 大家族ですね。うらやましいです。 대가족이네요. 부럽군요.

ひとりぐらし　　　혼자 삶〈독립생활〉

ひとり 히또리 한 사람, 暮らす 구라스 살다가 합성된 것으로 혼자 사는 것을 말한다.

예) 両親と いっしょに 住んで いますか。
료-신또 잇쇼니 슨데 이마스까
부모님과 함께 살고 있습니까?

⇒ いいえ、一人暮らしを して います。
이-에, 히또리구라시오 시떼 이마스
⇨ 아니오, 혼자 살고 있습니다.

・両親 료-싱 부모님　・住む 스무 살다　・一人暮らし 히또리구라시 혼자 삶

응용 1

가족이 몇 명입니까?
(몇 식구입니까?)

ご家族は 何人ですか。
고까조꾸와 난닌데스까

⇒ 세 식구입니다.

산닝까조꾸데스
3人家族です。

1. 네 식구
요닝까조꾸
よにんかぞく
4人家族

2. 독신
히또리구라시
ひとりぐらし

응용 2

김 씨는 몇 번째입니까?
김상와 남밤메데스까

金さんは 何番目ですか。

⇒ 세 번째입니다.

삼밤메데스
三番目です。

1. 막내
스엑꼬
すえっこ
末っ子

2. 외동딸
히또리무스메
ひとりむすめ
一人娘

3. 외동아들
히또리무스꼬
ひとりむすこ
一人息子

⑬ 大家族ですね。うらやましいです。 대가족이네요. 부럽군요.

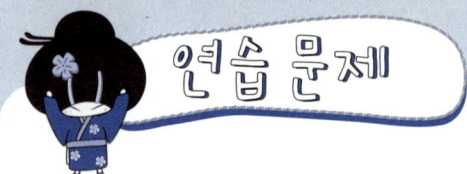

1 다음 대화를 듣고 빈칸에 알맞은 답을 골라보세요.

> A 金さんは 何人家族ですか。 김씨는 몇 식구입니까?
>
> B (   )

1 3人家族です。
2 4人家族です。
3 5人家族です。
4 ひとりぐらしです。

2 다음 문장을 일본어로 써 보세요.

1 대가족이군요. 부럽군요.

2 김씨는 몇 번째입니까?

3 위는 형님입니까? 누님입니까?

4 막내입니다.

내 가족과 남의 가족을 부를 때는 호칭이 다르다!!

> 일본은 자기 가족을 부를때와 남의 가족을 부를때 각각 다른 호칭을 쓴다고 하던데! 정말이야?

> 응 맞아. 예를들어 자기 어머니는 はは 하하 남의 어머니는 おかあさん 오까-상 이라고 해.

일본어는 내 가족을 말할 때와 남의 가족을 부를 때 호칭이 다른데, 그 내용은 다음과 같다.

	내 가족을 말할 때	남의 가족을 말할 때
● 아버지	ちち 찌찌	おとうさん 오또-상
● 어머니	はは 하하	おかあさん 오까-상
● 형, 오빠	あに 아니	おにいさん 오니-상
● 남동생	おとうと 오또-또	おとうとさん 오또-또상
● 언니, 누나	あね 아네	おねえさん 오네-상
● 여동생	いもうと 이모-또	いもうとさん 이모-또상
● 남편	しゅじん 슈징	ごしゅじん 고슈징
● 처	かない 가나이	おくさん 옥상

해답

1 ② 4人家族です。
2 ① 大家族ですね。うらやましいです。　② 金さんは 何番目ですか。
　③ 上は お兄さんですか。お姉さんですか。　④ 末っ子です。

⑬ 大家族ですね。うらやましいです。 대가족이네요. 부럽군요.

14 どこに 住んでいますか。
어디에 살고 있습니까?

거주지

마땅한 대화의 소재거리를 찾지 못했다면 호구조사에 들어가는 것이 상책. 거주지를 비롯해서 하는 일, 결혼 여부 등에 관해 질문해 보기로 한다. 그렇다고 상대방이 꺼리는 질문을 무작정 들이대는 것은 실례이므로 초면에는 삼가도록 한다.

새로운 단어

- どこ 도꼬 어디
- 渋谷 시부야 시부야
- どんな 돈나 어떤
- 出版社 슈빤샤 출판사
- 結婚 겟꽁 결혼
- 住む 스무 살다
- 上野 우에노 우에노
- 仕事 시고또 일
- 勤める 쯔또메루 근무하다

李: 다나까씨, 지금 어디에 살고 있습니까?
田中さん、今 どこに 住んで いますか。
다나까상, 이마 도꼬니 슨데 이마스까

田中: 시부야에 살고 있습니다.
渋谷に 住んで います。 시부야니 슨데 이마스

그렇습니까? 저는 우에노입니다.
そうですか。 소-데스까
私は 上野です。 와따시와 우에노데스

지금 어떤 일을 하고 계십니까?
今 どんな お仕事を して いらっしゃいますか。
이마 돈나 오시고또오 시떼 이랏샤이마스까

출판사에 근무하고 있습니다.
出版社に 勤めて います。 슙빤샤니 쯔또메떼 이마스

결혼했습니까?
結婚して いますか。 겍꼰시떼 이마스까

예, 결혼했습니다.
はい、結婚して います。 하이, 겍꼰시떼 이마스

⑭ どこに 住んで いますか。 어디에 살고 있습니까?

POINT & 해설

~て いる ~하고 있다

~て いる ~떼 이루 의 용법에는 3가지가 있는데 내용은 다음과 같다.

① 동작의 진행 : ~하고 있다

동작의 진행을 나타내며 동작의 계속을 나타내는 동사가 온다.

書く 가꾸	쓰다	読む 요무	읽다
食べる 다베루	가다	降りる 오리루	내리다

예)
아메가 훌떼 이마스
雨が 降って います。 비가 내리고 있습니다.

고항오 다베떼 이마스
ご飯を 食べて います。 밥을 먹고 있습니다.

다이가꾸니 읻떼 이마스
大学に 行って います。 대학에 다니고 있습니다.

• 雨 아메 비   • 降る 후루 내리다   • ご飯 고항 밥   • 大学 다이가꾸 대학

2 동작의 결과로 생긴 상태 : ~해(어) 있다

동작의 상태를 나타내며 주로 동작의 결과로서 생긴 상태를 나타내는 동사가 온다.

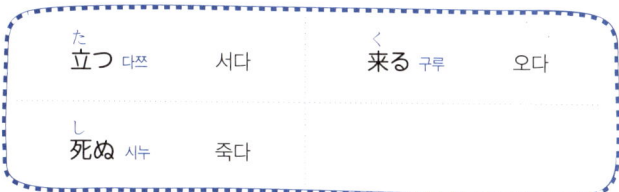

立つ 다쯔	서다	来る 구루	오다
死ぬ 시누	죽다		

예)
기가 닫떼 이마스
木が 立って います。　　나무가 서 있습니다.

오꺅상가 기떼 이마스
お客さんが 来て います。　손님이 와 있습니다.

니혼에 읻떼 이마스
日本へ 行って います。　　일본에 가 있습니다.

POINT & 해설

③ 단순한 상태

단순한 상태를 나타내며 아래 예와 같은 동사가 온다.
항상 ~て いる ~때 이루 의 형태를 취하는 것이 특징이다.

似る 니루 닮다   すぐれる 스구레루 뛰어나다

そびえる 소비에루 솟다

예제
와따시와 하하오야니 니떼 이마스
私は 母親に 似て います。 나는 어머니를 닮았습니다.

가레와 센세-또시떼 스구레떼 이마스
彼は 先生として すぐれて います。
그는 선생님으로 뛰어납니다.

야마가 소비에떼 이마스
山が そびえて います。 산이 솟아 있습니다.

• 母親 하하오야 어머니   • 似る 니루 닮다

★ ~に   ~에

장소를 나타내는 조사이다.

도꼬니 슨데 이마스까
예) どこに 住んで いますか。 어디에 살고 있습니까?

슙빤샤니 쯔또메떼 이마스
出版社に 勤めて います。 출판사에 근무하고 있습니다.

다나까상와 지무시쯔니 이마스
田中さんは 事務室に います。
다나카 씨는 사무실에 있습니다.

・事務室 지무시쯔 사무실

★ 지명

아직 일본의 지명에 익숙지 못한 독자 여러분을 위해 잠깐 소개하기로 하겠다. 다음은 도쿄 東京내의 지명들이다.

| しんじゅく
新宿 신쥬꾸 | はらじゅく
原宿 하라쥬꾸 | よ や
四つ谷 요쯔야 | あかさか
赤坂 아까사까 |
| あき は ばら
秋葉原 아끼하바라 | かんだ
神田 간다 | あさくさ
浅草 아사꾸사 | うえの
上野 우에노 |

⑭ どこに 住んで いますか。 어디에 살고 있습니까?　**141**

POINT & 해설

★ 結婚して います　　결혼했습니다

거의 관용적으로 ~て いる ~떼 이루 의 형태를 취하므로 형태 그대로 외워 두도록 한다.

예)
結婚して いますか。 결혼했습니까?
　　겍꼰시떼 이마스까

→ **結婚して います。** ⇨ 결혼했습니다.
　　겍꼰시떼 이마스
　　　　　　　　　　　결혼하였고 그 상태를 유지하고 있음

→ **結婚しました。** ⇨ 결혼했습니다.
　　겍꼰시마시따
　　　　　　　　　　　결혼한 사실만을 나타냄

→ **まだ 結婚して いません。**
　　마다 겍꼰시떼 이마셍
　　　　　　　　　　⇨ 아직 결혼하지 않았습니다.
　　　　　　　　　　　미혼임을 밝히는 표현

응용1

어디에 살고 있습니까?　どこに 住んで いますか。
　　　　　　　　　　　　도꼬니 슨데 이마스까

> 시부야에 살고 있습니다.
>
> 시부야니 슨데 이마스
> 渋谷に 住んで います。

1 우에노
  우에노
  上野

2 도쿄대학 앞
  도-꾜-다이가꾸노 마에
  東京大学の 前

응용2

> 출판사에 근무하고 있습니다.
>
> 슙빤샤니 쯔또메떼 이마스
> 出版社に 勤めて います。

1 대학에서 한국어를 공부하고 있습니다.
  다이가꾸데 강꼬꾸고오 벵꾜-시떼 이마스
  大学で 韓国語を 勉強して います

2 고등학교 2학년입니다.　고-꼬- 니넨세-데스
  高校 2年生です

- 韓国語 강꼬꾸고 한국어
- 勉強する 벵꾜-스루 공부하다
- 高校 고-꼬- 고등학교 ▶ 高等学校 こうとうがっこう 라고 하지 않음에 유의
- 二年生 니넨세- 2학년 ▶ 학년을 学年 がくねん 이라고 말하지 않는다

⑭ どこに 住んで いますか。어디에 살고 있습니까?　143

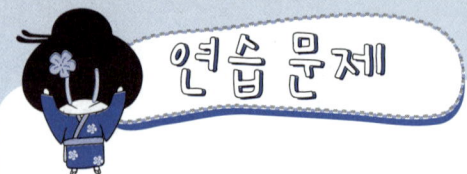 

1 다음 대화를 듣고 빈칸에 알맞은 답을 골라보세요.

> A 結婚して いますか。　　결혼했습니까?
>
> B はい、(　　　　　)　예, (　　　　)

1 結婚しました。
2 結婚して います。
3 結婚します。
4 結婚しません。

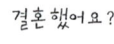

2 다음 문장을 일본어로 써 보세요.

1 지금 어디에 살고 있습니까?

2 시부야에 살고 있습니다.

3 어떤 일을 하고 계십니까?

4 대학에서 한국어를 공부하고 있습니다.

일본의 아파트는 우리의 아파트와 다르다!?

우리가 아파트를 생각할 때 떠오르는 것은 고층의 똑같은 세대들이 밀집되어 있는 건물을 떠오르기 쉽다. 하지만 일본에서의 아파트는 우리와는 조금 개념이 다르다. 일본의 주거문화는 주택 외에 맨션, 아파트 등이 있는데 우리의 아파트와 유사한 것은 맨션이며 오히려 우리가 맨션이라고 생각하는 건물을 아파트라 부른다.

⇒ **マンション**　만숑　　　고급 아파트, 우리의 아파트 개념

　アパート　아빠-토　　　우리의 맨션개념

해답

1 ②結婚して います。
2 ①今 どこに 住んで いますか。　　　②渋谷に 住んで います。
　③どんな お仕事を して いらっしゃいますか。
　④大学で 韓国語を 勉強して います。

대화 15

今夜 映画を 見に 行きませんか。
こんや えいが み い
오늘밤 영화를 보러 가지 않겠습니까?

권유

무언가를 제안하거나 권유를 할 때에는 무엇보다 상대방의 사정을 고려하지 않으면 안된다. 그러므로 단도직입적으로 ~합시다, ~하자라는 표현보다는 **~하지 않겠습니까?, ~해주시지 않겠습니까?**라고 말하는 것이 좋다. 만약 사정이 있다면 상황을 설명하고 유감임을 말하는 것이 예의!!

새로운 단어

- 今夜(こんや) 공야 오늘밤
- ほんとうだ 혼또-다 정말이다
- 機会(きかい) 기까이 기회
- 何でも(なんでも) 난데모 뭐든지
- 映画(えいが) 에-가 영화
- 次(つぎ) 쯔기 다음
- 好きだ(すきだ) 스끼다 좋아하다

李

다나까씨, 오늘밤 영화를 보러가지 않겠습니까?

田中さん、今夜 映画を 見に 行きませんか。
다나까상, 공야 에-가오 미니 이끼마셍까

田中

우와! 정말입니까?

うわあ! ほんとうですか。 우와-! 혼또-데스까

가고 싶습니다만, 선약이 있습니다.

行きたいんですが、先約が あります。
이끼따인데스가, 셍야꾸가 아리마스

유감이군요.

残念ですね。 잔넨데스네

그럼, 다음 기회로 하죠.

じゃ、また この 次の 機会と いう ことに しましょう。
쟈, 마따 고노 쯔기노 기까이또 유- 고또니 시마쇼-

정말 미안합니다.

どうも すみません。 도-모 스미마셍

다나까 씨는 어떤 영화를 좋아합니까?

田中さんは どんな 映画が 好きですか。
다나까상와 돈나 에-가가 스끼데스까

뭐든지 좋아합니다.

何でも 好きです。 난데모 스끼데스

⑮ 今夜 映画を 見に 行きませんか。 오늘밤 영화를 보러 가지 않겠습니까?

~に　　　　　　　　　　　　　　　　　　　~하러

동작성이 있는 명사나 동사의 ます 마스 형에 연결해서 목적을 나타낸다. 동사의 ます형은 6과 참조

예)
가방오 가이니 이끼마스
かばんを 買_かいに 行_いきます。　가방을 사러 갑니다.

운도-오 시니 이끼마스
運動_{うんどう}を しに 行_いきます。　　운동을 하러 갑니다.

니홍에 류-가꾸니 이끼마스
日本_{にほん}へ 留学_{りゅうがく}に 行_いきます。　일본에 유학하러 갑니다.

• かばん 가방 가방　　　• 留学_{りゅうがく} 류-가꾸 유학

今夜　　　　　　　　　　　　　　　　　　　오늘밤

때를 나타내는 말을 알아보기로 한다.

계절

| 하루
春_{はる} 봄 | 나쯔
夏_{なつ} 여름 | 아끼
秋_{あき} 가을 | 후유
冬_{ふゆ} 겨울 |

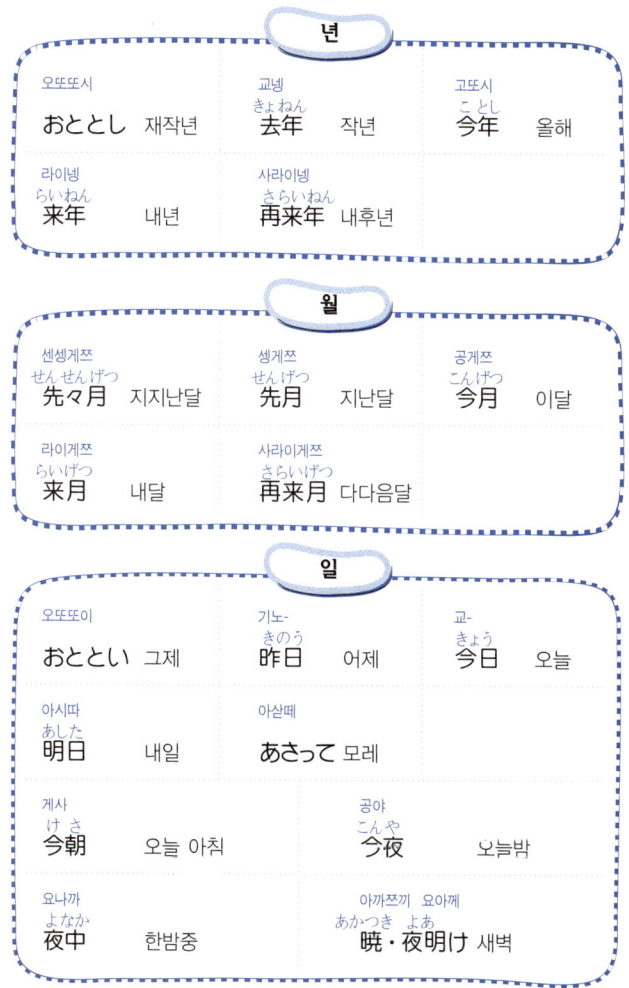

⑮ 今夜 映画を 見に 行きませんか。 오늘밤 영화를 보러 가지 않겠습니까?

POINT & 해설

★ ~ませんか ~하지 않겠습니까?

6과에서 배운 ます 마스 를 ませんか 마셍까 로 바꿔주면 ~하지 않겠습니까?의 의미로 상대방에게 동작을 권유할 때에 쓰인다.

마스	마셍	마셍까
ます	⇒ ません	⇒ ませんか
~합니다	~하지 않습니다	~하지 않겠습니까?

쯔리니데모 이끼마셍까
つりにでも 行きません か。
낚시라도 가지 않겠습니까?

에-가오 미니 이끼마셍까
映画を 見に 行きませんか。
영화를 보러 가지 않겠습니까?

잇쇼니 쇼꾸지데모 시마셍까
いっしょに 食事でも しませんか。
함께 식사라도 할까요?

• いっしょに 잇쇼니 함께 • 食事 쇼꾸지 식사

~ましょう ~합시다

권유나 말하는 사람의 의지를 말하며 손윗사람에게는 쓰기가 곤란하다. 손윗사람에게는 명령의 느낌이 너무 강하므로 p155의 표현처럼 정중한 형태로 부탁하는 것이 좋다.

| 마스
ます ~합니다 | ⇨ | 마쇼-
~ましょう ~합시다 |

잇쇼니 이끼마쇼-
いっしょに 行きましょう。 같이 갑시다.

난지니 아이마쇼-까
何時に 会いましょうか。 몇 시에 만날까요?
か를 붙이면 의문형이 된다

쫃또 야스미마쇼-
ちょっと 休みましょう。 잠깐 쉽시다.

• ちょっと 쫃또 잠깐　• 休む 야스무 쉬다

⑮ 今夜 映画を 見に 行きませんか。 오늘밤 영화를 보러 가지 않겠습니까?

패턴연습

응용 1

영화를 보러 가지 않겠습니까?

에-가오 미니 이끼마셍까
映画を 見に 行きませんか。

1 낚시라도
쯔리니데모
つりにでも

2 꽃 구경이라도
하나미니데모
花見にでも

응용 2

커피라도 마실까요?

코-히-데모 노미 마쇼-까
コーヒーでも 飲みましょうか。

1 홍차
고-쨔
紅茶

2 오차
오쨔
お茶

• 花見 하나미 꽃 구경

응용 3

가고 싶습니다만, 선약이 있습니다.

이끼따인데스가, 셍야꾸가 아리마스
行きたいんですが、先約が あります。

1. 아르바이트가 있습니다.   　バイトが あります
   　바이토가 아리마스

2. 사정이 안 좋습니다.   　都合が わるいんです
   　쯔고-가 와루인데스

3. 점심 약속이 있습니다.   　お昼の 約束が あります
   　오히루노 약소꾸가 아리마스

- 先約 셍야꾸 선약
- バイト 바이토 아르바이트 arbeit
- 都合 쯔고- 형편, 사정
- お昼 오히루 낮

⑮ 今夜 映画を 見に 行きませんか。 오늘밤 영화를 보러 가지 않겠습니까? 153

1 다음 대화를 듣고 빈칸에 알맞은 답을 골라보세요.

> A 今夜 映画を 見に 行きませんか。
> 오늘밤 영화를 보러가지 않겠습니까?
>
> B ( ) ( )

1 バイトが あります。
2 都合が わるいんです。
3 先約が あります。
4 試験が あります。

2 다음 문장을 일본어로 써 보세요.

1 커피라도 마실까요?

2 낚시라도 가지 않겠습니까?

3 유감이군요.

4 가고 싶습니다만, 점심약속이 있습니다.

권유를 나타내는 여러 가지 표현!!

권유를 나타내는 여러 가지 문장형태에 관해 알아보기로 한다.

● **~ませんか。** ~마셍까 : ~하지 않겠습니까?

~ましょう ~합시다로 표현하던 것을 부정형으로 표현하여 좀 더 정중한 느낌이 들도록 한 표현이다.

⇒ **天気が よければ、釣りに 行きませんか。**
덴끼가 요께레바, 쯔리니 이끼마셍까
날씨가 좋으면, 낚시하러 가지 않겠습니까?

● **~て もらえますか。** ~떼 모라에 마스까 : ~해 줄 수 있습니까, 해 주겠습니까?

~て もらう ~해 받다에서 もらう를 가능표현으로 바꿔 **もらえる** 활용은 부록의 동사의 활용을 참조 **(내가)~해 받을 수 있습니까?** 즉, 내가 주인공이 되어 표현한 일본어만의 특이한 표현방식이다.

⇒ **安くして もらえますか。**   싸게 해 주시겠습니까?
아스꾸시떼 모라에마스까

● **~て いただけますか。** ~떼 이따다께마스까 : ~ 해 주시겠습니까?

いただく もらう의 겸손한 말의 가능동사로 **~해 주시겠습니까?**의 뜻.
손위 분에게는 아무래도 직접적인 표현보다는 이렇게 약간 돌려서 이야기 하는 것이 좋겠다.

⇒ **切らずに お待ちいただけますか。**
기라즈니 오마찌이따다께마스까
끊지 말고 기다려 주시겠습니까?

| 해답 | 1 ① バイトが あります。
2 ① コーヒーでも 飲みましょうか。 ② つりにでも 行きませんか。
③ 残念ですね。   ④ 行きたいんですが、お昼の 約束が あります。 |

⑮ **今夜 映画を 見に 行きませんか。** 오늘밤 영화를 보러 가지 않겠습니까?

16 スパゲッティを お願いします。
스파게티를 부탁합니다.

레스토랑

그 나라의 문화를 이해하는 데 음식만큼 좋은 것도 없다. 우리도 이미 알고 있듯이 두 나라의 음식문화에는 큰 차이가 있다.

음식 자체도 우리에 비해 멋을 중시해서 보는 즐거움도 크게 한 부분을 차지하는 편이며 양념에 의한 맛보다는 재료 그 자체의 맛을 살리는 편이다.

식사예절 또한 우리는 숟가락과 젓가락을 다 사용해 그릇을 상에 올려놓고 먹는 데 비해 일본은 젓가락을 사용해 밥을 먹고 그릇도 가볍게 만들어 들고 사용한다.

새로운 단어

- 何名様 남메-사마 몇 분
- 一人 히또리 혼자
- メニュー 메뉴- 메뉴 menu
- ちょうだい 쬬-다이 주세요
- 決まる 기마루 정하다
- なさる 나사루 する 하다의 존경어
- スパゲッティ 스파겟티 스파게티 spaghetti
- 願う 네가우 원하다, 바라다
- 飲み物 노미모노 음료
- コーラ 코-라 콜라 cola

店員(てんいん)

어서오세요. 몇 분이세요?
いらっしゃいませ。何名様(なんめいさま)ですか。
이랏샤이마세. 남메-사마데스까

朴

혼자입니다.
一人(ひとり)です。 히또리데스

이쪽으로 오세요.
こちらへ どうぞ。 고찌라에 도-조

메뉴를 주세요.
メニューを ちょうだい。 메뉴-오 쵸-다이

결정하셨나요? 무엇으로 하시겠습니까?
お決(き)まりですか。何(なに)に なさいますか。
오끼마리데스까. 나니니 나사이마스까

스파게티를 부탁합니다.
スパゲッティを お願(ねが)いします。
스파겟티오 오네가이시마스

예, 마실 것은?
はい、お飲(の)み物(もの)は。 하이, 오노미모노와

콜라 주세요.
コーラを ください。 코-라오 구다사이

⑯ スパゲッティを お願いします。 스파게티를 부탁합니다.

★ 何名様　　　　　　　　　　　　　몇 분

何名 남메- 에 ~様 사마 ~さん ~명의 높임말 이연결되어 **몇 분**이라는 말이 되었다. 13과 참조

예)
　　　남메-사마데스까
　　なんめいさま
　　何名様ですか。　　　　몇 분이십니까?

　　　후따리데스
　　ふたり
　　二人です。　　　　　　두 명입니다.

　　　히또리데스
　　ひとり
　　一人です。　　　　　　혼자입니다.

★ 何に なさいますか　　무엇으로 하시겠습니까?

메뉴 등 무엇인가를 고를 때에 쓰는 표현이다.

경어

존경어 상대의 동작이나 상태, 물건을 높여서 하는 말

1 접두사 お・ご의 사용

예)
- お宅 (오따꾸) 댁 집의 존경어
- ご主人 (고슈징) 남편

2 접미사 さん・さま의 사용

예)
- 山田さん (야마다상) 야마다 씨
- 金さん (기무상) 김 씨

3 お(ご) + 동사의 ます형 · 한어명사 + に なる ~하시다
▶ 한어명사 앞에는 대체로 ご가 옴

예)
- 書く (가꾸) 쓰다 ⇨ お書きになる (오까끼니나루) 쓰시다
- 会う (아우) 만나다 ⇨ お会いになる (오아이니나루) 만나시다
- 心配 (심빠이) 걱정하다 ⇨ ご心配になる (고심빠이니나루) 걱정하시다

(16) スパゲッティを お願いします。 스파게티를 부탁합니다.

POINT & 해설

4 れる・られる의 사용

1그룹동사는 어미 -う를 -あ단으로 바꾸고 ~れる를,
2그룹동사는 어간에 ~られる를 연결하면 된다.
회화체에서는 별로 쓰이지 않으며 다음의 특별경어가 따로 있는경우에는 제외한다.

예)

가꾸		가까레루	
書く 쓰다	⇨	書かれる	쓰시다
미루		미라레루	
見る 보다	⇨	見られる	보시다
기루		고라레루	
来る 오다	⇨	来られる	오시다

5 특별한 경어의 사용

예)

이루 이꾸 구루		이랏샤루	
いる・行く・来る 있다 가다 오다	⇨	いらっしゃる	계시다, 가시다, 오시다
스루		나사루	
する 하다	⇨	なさる	하시다
이우		옷샤루	
言う 말하다	⇨	おっしゃる	말씀하시다
다베루		메시아가루	
食べる 먹다	⇨	召し上がる	드시다, 잡수시다

겸양어 상대방에게 경의를 나타내기 위해 자신의 동작이나 행위를 낮추어서 하는 말

1 お(ご) + 동사의 ます형 · 한어명사 + する · いたす

▶ 한어명사 앞에는 대체로 ご가 옴

예

아우 会う 만나다	⇨	오아이스루 お会いする 만나다
하나스 話す 말하다	⇨	오하나시스루 お話しする 이야기하다

2 특별한 경어의 사용

예

이루 いる	⇨	오루 おる	있다
스루 する	⇨	나사루 なさる	하다
이꾸 구루 行く · 来る	⇨	마이루 まいる	가다 · 오다
이우 言う	⇨	모-스 申す	말하다

⑯ スパゲッティを お願いします。 스파게티를 부탁합니다.

POINT & 해설

공손어 상대방에게 공손을 표하는 말로서 정중어라고도 함

1 です・ます의 사용

예) いいです。 (이-데스) 좋습니다.

学校へ 行きます。 (각꼬-에 이끼마스) 학교에 갑니다.

2 ある 있다 ⇨ ござる 있습니다

예) かばんが ございます。 (가방가 고자이마스) 가방이 있습니다.

3 で ござる 입니다

예) ペンで ございます。 (펜데 고자이마스) 펜입니다.

・学校 각꼬- 학교

4 なさる 하시다

오노미모노와 나니니 나사이마스까

お飲み物は 何に なさいますか。

음료는 무엇으로 하시겠습니까?

데자-토와 나니니 나사이마스까

デザートは 何に なさいますか。

디저트는 무엇으로 하시겠습니까?

오쯔마미와 나니니 나사이마스까

おつまみは 何に なさいますか。

안주는 무엇으로 하시겠습니까?

- デザート 데자-토 디저트 dessert
- おつまみ 오쯔마미 안주

⑯ スパゲッティを お願いします。 스파게티를 부탁합니다.

POINT & 해설

★ お願いします　　　　　부탁합니다

쓰임새가 많은 표현으로 お + 願い + します의 형태이다.

메뉴-오 오네가이시마스

예) メニューを お願いします。
　　　　　　　메뉴를 부탁합니다.(메뉴를 주세요.)

스테-키오 오네가이시마스

ステーキを お願いします。
　　　　　　　스테이크를 부탁합니다.(주세요.)

오렌지쥬-스오 오네가이시마스

オレンジジュースを お願いします。
　　　　　　　오렌지쥬스를 부탁합니다.(오렌지쥬스주세요.)

★ 飲み物　　　　　음료

飲む 노무 마시다라는 동사에 物 모노 것이라는 명사가 연결되어 마실 것, 음료라는 뜻으로 사용되고 있다. 동사의 ます형에 연결된다.

노미모노　　　　　　　　　　　다베모노

예) 飲み物　마실 것, 음료　　食べ物　먹을 것, 음식

요미모노

読み物　읽을거리

 몇 분이십니까?　**何名様ですか。**
なんめいさま
남메-사마데스까

> 혼자입니다.
>
> 히또리데스
> **一人です。**
> ひとり

1. 두사람입니다.　**二人です**
   후따리데스
   ふたり

2. 나중에 한사람 더 옵니다.　**後で もう 一人 来ます**
   아또데 모- 히또리 기마스
   あと　　　ひとり　き

> 스파게티를 부탁합니다.
>
> 스파겟티-오 오네가이시마스
> **スパゲッティを お願いします。**
> ねが

1. 소고기 덮밥
   규-동
   ぎゅうどん
   牛丼

2. 튀김 정식
   뎀뿌라떼-쇼꾸
   てん　　ていしょく
   天ぷら定食

3. 런치세트
   란치셋토
   ランチセット

- **後で** 아또데 나중에
  あと

⑯ **スパゲッティを お願いします。** 스파게티를 부탁합니다.

1 다음 대화를 듣고 빈칸에 알맞은 답을 골라보세요.

> A 何名様ですか。 몇 분이세요?
>
> B （　　　　　） （　　　）

1 一人です。
2 二人です。
3 後で もう 一人 来ます。
4 十人です。

2 다음 문장을 일본어로 써 보세요.

1 몇 분이세요?

2 메뉴를 주세요.

3 무엇으로 하시겠습니까?

4 튀김 정식을 부탁합니다.

お願いします。 면 만사 OK!!

이 **お願いします。**는 **どうぞ。** 만큼이나 쓸모가 많은 말이다. 부탁하고 싶은 말 뒤에 붙이기만 하면 되니 그 활용도가 참으로 높다.

→ お客_{きゃく}さまの お名_な前_{まえ}と お電_{でん}話_わ番_{ばん}号_{ごう}を お願_{ねが}いします。
오꺄꾸사마노 오나마에또 오뎅와방고-오 오네가이시마스
손님의 성함과 전화번호를 부탁합니다.(가르쳐 주세요.)

どうぞ よろしく お願_{ねが}いします。 잘 부탁합니다.
도조- 요로시꾸 오네가이시마스

해답
1 ③ 後で もう 一人 来ます。
2 ① 何名様ですか。　② メニューを どうぞ。
　③ 何に なさいますか。　④ 天ぷら定食を お願いします。

⑯ **スパゲッティを お願いします。** 스파게티를 부탁합니다.

패스트푸드점

세계 어디를 가던지 웬만하면 패스트푸드점은 다 있게 마련! 음식이 맞지 않는다면 권하고 싶지만, 그도 사정이 안 된다면 정말 곤란할 듯 보인다.
패스트푸드점은 대부분 영문이름이라 일본식으로 발음하면 좀 생소해 보인다. 하지만 아무 상식도 없이 맥도날드의 이름을 들었다면 알아맞힐 분들이 얼마나 될까 절로 웃음이 지어진다.

새로운 단어

- チーズバーガー 치-즈바-가- 치즈버거 cheese burger
- 注文(ちゅうもん) 쮸-몬 주문
- セット 셋토 세트 set
- こちら 고찌라 이쪽, 여기
- 召し上がる(めしあがる) 메시아가루 ▶ 飲む・食べる(のむ・たべる) 마시다・먹다 의 존경어
- いただく 이따다꾸 받다
- 領収書(りょうしゅうしょ) 료-슈쇼 영수증
- お釣り(おつり) 오쯔리 거스름돈

어서 오십시오. 주문하시겠습니까?

いらっしゃいませ。ご注文は。 이랏샤이마세. 고쮸-몬와

店員(てんいん)

치즈버거 셋트 2개 주세요.

チーズバーガーセット 2つ ください。
치-즈바-가-셋토 후따쯔 구다사이

金

여기서 드실 겁니까?

こちらで お召し上がりですか。 고찌라데 오메시아가리데스까

예.

はい。 하이

전부 1,500엔입니다.

全部で 1,500円です。 젬부데 셍고햐꾸엔데스

예, 2,000엔입니다.

はい、2,000円です。 하이, 니셍엔데스

2,000엔 받았습니다.

2,000円 いただきます。 니셍엔 이따다끼마스

이것은 영수증과 거스름돈입니다.

これは 領収書と お釣りです。 고레와 료-슈-쇼또 오쯔리데스

召し上がる — 드시다

召し上がる 메시아가루는 食べる 다베루 의 존경어로 잡수시다, 드시다의 뜻이다.
그 밖의 존경어들을 살펴보면 다음과 같다.

기본형		존경어	
이우 言う	말하다	옷샤루 おっしゃる	말씀하시다
이꾸 구루 이루 行く, 来る, いる	가다, 오다, 있다	이랏샤루 いらっしゃる	계시다
스루 する	하다	나사루 なさる	하시다
구레루 くれる	주다	구다사루 くださる	주시다

> **いくつ**　　　　　　　　　　　　　　　　　　　몇 개

일본어의 고유수사에 관해 짚고 넘어가기로 한다.

고유수사

히또쯔 1つ	ひとつ	하나	후따쯔 2つ	ふたつ	둘
밑쯔 3つ	みっつ	셋	욛쯔 4つ	よっつ	넷
이쯔쯔 5つ	いつつ	다섯	묻쯔 6つ	むっつ	여섯
나나쯔 7つ	ななつ	일곱	얃쯔 8つ	やっつ	여덟
고꼬노쯔 9つ	ここのつ	아홉	도- 十	とお	열

> **돈**

돈에 관련해서 숫자 읽기를 점검하고 넘어가 보도록 한다.

⑰ **チーズバーガーセット 2つ ください。** 치즈버거 세트 2개 주세요.

POINT & 해설

숫자읽기

쥬-엥
10円 じゅうえん

고쥬-엥
50円 ごじゅうえん

햐꾸엥
100円 ひゃくえん

니햐꾸엥
200円 にひゃくえん

삼뱌꾸엥
300円 さんびゃくえん

셍엥
1,000円 せんえん

니셍엥
2,000円 にせんえん

고셍엥
5,000円 ごせんえん

이찌망엥
10,000円 いちまんえん

★ 패스트푸드점

우리가 알고 있는 패스트푸드점에는 무엇이 있을까?

패스트푸드점

마쿠도나루도
マクドナルド　　　　　맥도날드

롯테리아
ロッテリア　　　　　롯데리아

바-가-킹구
バーガーキング　　　버거킹

켄탁키- 후라이도치킹
ケンタッキー フライドチキン　켄터키 후라이드치킨

응용 1

치즈버거 두 개 주세요.

치-즈바-가- 후따쯔 구다사이

チーズバーガー 2つ ください。

1. 치킨버거와 콜라
치킨바-가-또 코-라
チキンバーガーと コーラ

2. 치즈버거세트
치-즈바-가-셋토
チーズバーガーセット

응용 2

여기에서 드시겠습니까?

고찌라데 오메시아가리데스까

こちらで お召しあがりですか。

1. 가지고 가시겠습니까?
오모찌까에리데스까
お持ち帰りですか

2. 여기서 먹겠습니다.
고꼬데 다베마스
ここで 食べます

3. 가져가게 싸 주세요.
모찌까에리데 오네가이시마스
持ち帰りで お願いします

- チキンバーガー 치킨바-가- 치킨버거
- 持ち帰り 모찌까에리 가지고 감

⑰ チーズバーガーセット 2つ ください。 치즈버거 세트 2개 주세요.

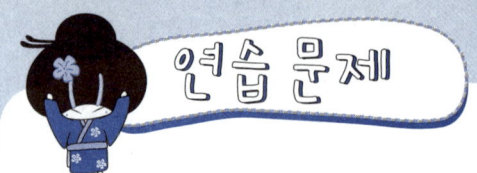

1 다음 대화를 듣고 빈칸에 알맞은 답을 골라보세요.

> A いらっしゃいませ。ご注文_{ちゅうもん}は。
> 어서 오십시오. 주문하시겠습니까?
>
> B (　　　　　　　　　　)(　　　　　　　　)

1. チーズバーガーセット 2つ_{ふた}
2. ポテト 二つ_{ふた}
3. チキンバーガーと コーラをください
4. チーズバーガー 二つ_{ふた}

2 다음 문장을 일본어로 써 보세요.

1. 여기서 드실 겁니까?
2. 전부 1,500엔입니다.
3. 가지고 가시겠습니까?
4. 가져가게 싸 주세요.

セット 세트

세트 메뉴의 장점은 뭐니뭐니해도 가격과 여러 가지를 동시에 접할 수 있다는 점에 있지 않을까?

⇨ **Aセット**
A셋토
A 세트

⇨ **Bセット**
B셋토
B 세트

- バーガーセット　　　버거세트
  チーズバーガーセット　치즈버거세트
  チキンバーガーセット　치킨버거세트

해답
1. ③ チキンバーガーと コーラを ください。
2. ① こちらで お召し上がりですか。　② 全部で 1,500円です。
   ③ お持ち帰りですか。　　　　　　　④ 持ち帰りで お願いします。

⑰ チーズバーガーセット 2つ ください。 치즈버거 세트 2개 주세요.

식사

18. さしみ定食を ください。
회정식을 주십시오.

초밥집

스시초밥와 사시미회는 일본음식의 대표로 취급될 만큼 우리에게 알려진 음식이다. 초밥으로 쥘 수 있는 음식도 다양해서 계란에서부터 각종 생선에 이르기까지 다양한 것이 특징.

이제는 우리나라도 초밥이 일상적으로 많이 보급 되어 있긴 하지만 그 질에 따라 가격도 수준도 가지각색. 깔끔하고 맛도 좋고 분위기도 좋지만 한 번 쯤은 가격 신경 안 쓰고 마음껏 먹어보고 싶은 마음이 간절하다.

새로운 단어

- さしみ定食 사시미떼-쇼꾸 회정식
- 少し 스꼬시 조금
- 料理 료-리 요리
- サラダ 사라다 샐러드
- よろしい 요로시- 좋다
- 後で 아또데 뒤에
- 日本酒 니혼슈 일본청주

주문하시겠습니까?

店員(てんいん)
ご注文(ちゅうもん) よろしいですか。 고쮸-몽 요로시-데스까

조금 뒤에 주문해도 되겠습니까?

金
少(すこ)し 後(あと)で 注文(ちゅうもん)しても いいですか。
스꼬시 아또데 쮸-몬시떼모 이-데스까

예, 알겠습니다.

はい、わかりました。 하이, 와까리마시따

◇◇◇ 잠시후 ◇◇◇

저기 여기요. 회정식을 주세요.

すみません。 스미마셍
さしみ定食(ていしょく)を ください。 사시미떼-쇼꾸오 구다사이

마실 것은 무엇으로 하시겠습니까?

お飲(の)み物(もの)は 何(なに)に なさいますか。
오노미모노와 나니니 나사이마스까

일본청주로 하겠습니다. 아! 샐러드도 주십시오.

日本酒(にほんしゅ)に します。あ! サラダも ください。
니혼슈니 시마스. 아! 사라다모 구다사이

예, 잠시만 기다려주십시오.

はい、少々(しょうしょう) お待(ま)ちください。 하이, 쇼-쇼- 오마찌구다사이

⑱ さしみ定食を ください。 회정식을 주십시오.

POINT & 해설

> ★ ~ても いいですか   ~해도 됩니까?

상대방에게 허용이나 허락의 뜻을 나타내며 동사의 て 떼 형이나 형용사의 くて 꾸떼 형에 연결된다. 단, 명사에 연결될 때는 ~でも いいですか 데모 이-데스까 쓴다.

형용사

형용사란 사물의 성질과 상태를 나타내며 단독으로 술어가 될 수 있는 품사이며 어미기본형에서 변하는 부분가 い 이로 끝나는 것을 특징으로 갖고 있다.

たかい 다까이	비싸다	やすい 야스이	싸다
いい 이-	좋다		

형용사의 정중표현

- 기본형을 변화시키지 않고 그대로 ~です 데스 만 붙여주면 된다.

예)
たかい 비싸다 ⇨ たかいです 비쌉니다
(다까이)　　　　　　　(다까이데스)

やすい 싸다 ⇨ やすいです 쌉니다
(야스이)　　　　　　　(야스이데스)

いい 좋다 ⇨ いいです 좋습니다
(이-)　　　　　　　(이-데스)

형용사의 부정표현

- 형용사의 어미 い 이 ⇨ く 꾸 + ない 나이　　　~지 않는다
　　　　　　　　　　　　　　ありません 아리마셍　~지 않습니다

たかい ⇨ たかくない ・ たかく ありません
(다까이)　　(다까꾸나이)　　(다까꾸아리마셍)
비싸다　　비싸지 않다　　비싸지 않습니다

やすい ⇨ やすくない ・ やすく ありません
(야스이)　　(야스꾸나이)　　(야스꾸아리마셍)
싸다　　　싸지 않다　　　싸지 않습니다

いい ⇨ よくない ・ よくありません
(이-)　　　(요꾸나이)　　　(요꾸아리마셍)
よい ⇨　　좋지 않다　　　좋지 않습니다
(요이)
좋다
　　　　いくない (×) 예외로 よくない (○)
　　　　▶ 기본형과 연체형만 いい로 쓰인다

~くない를 정중형으로 만들고 싶으면 뒤에 ~です만 붙이면 된다.

⑱ さしみ定食を ください。 회정식을 주십시오.

POINT & 해설

형용사의 중지법

- 형용사의 어미 い이 + く꾸, くて꾸떼　～고, ～서

  예) たかい 비싸다 (다까이) ⇨ たかく・たかくて (다까꾸・다까꾸떼) 비싸고

  やすい 싸다 (야스이) ⇨ やすく・やすくて (야스꾸・야스꾸떼) 싸고

  いい 좋다 (이이) ⇨ よく・よくて (요꾸・요꾸떼) 좋고

  いく (×) 예외로 よく (○)
  ▶ 기본형과 연체형만 いい로 쓰인다

형용사의 연체수식

- 형용사가 명사를 꾸며줄 때는 그냥 기본형 그대로 명사에 연결시키기만 하면 된다.

- 형용사의 기본형 + 명사

  예) たかい 비싸다 (다까이) ⇨ たかい 価格 (다까이 가까꾸) 비싼 가격

  やすい 싸다 (야스이) ⇨ やすい 料理 (야스이 료-리) 싼 요리

  いい 좋다 (이-) ⇨ いい 財布 (이- 사이후) 좋은 지갑

- 価格 가까꾸 가격
- 財布 사이후 지갑

쮸-몬시떼모 이-데스까
注文しても いいですか。　　주문해도 됩니까?

잇쇼니 읻떼모 이-데스까
いっしょに 行っても いいですか。
　　　　　　　　　　　　　함께 가도 됩니까?

~も　　　　~도

가장 기초적인 조사로, 우리말의 ~도에 해당된다.

고레모 다이데스까
これも たいですか。　　이것도 도미입니까?

고레모 니혼슈데스까
これも 日本酒ですか。　　이것도 일본청주입니까?.

하이, 소레모 니혼슈데스
はい、それも 日本酒です。
　　　　　　　　　　예, 그것도 일본청주입니다.

• たい 다이 도미

POINT & 해설

★ 焼き   구이, 부침

焼き 야끼 란 焼く 야꾸 굽다라는 동사에서 나온 말로 ~구이, 부침이라는 말이다.

예)
- 다마고야끼
  玉子焼き 계란부침
- 다꼬야끼
  たこ焼き 문어구이
- 스끼야끼
  すき焼き 전골
- 야끼따떼
  焼き立て 갓 구운

- 焼き 야끼 ~구이
- 焼く 야꾸 (굽다)의 명사형

★ 少々   잠시, 잠깐

잠시, 잠깐만의 뜻으로 비슷한 말에 すこし 스꼬시 가 있다.
일본어에서는 같은 한자가 중복될 경우에는 다음 한자는 々로 표시한다.

예)
- 쇼-쇼- 오마찌구다사이
  少々、お待ちください。 잠시만 기다려주십시오.
- 쇼-쇼- 오따즈네시마스
  少々、おたずねします。 잠시 여쭈어보겠습니다.

응용 1

회정식을 주세요.

사시미떼-쇼꾸 구다사이
さしみ定食を ください。

1. 광어를 초밥으로
   히라메오 니깃떼
   ひらめを 握って

2. 적당히 초밥으로 만들어
   데끼또-니 니깃떼
   適当に 握って

응용 2

음료는 무엇으로 하시겠습니까?
お飲み物は 何に なさいますか。 오노미모노와 나니니 나사이마스까

⇒ 일본청주로 하겠습니다.

니혼슈니 시마스
日本酒に します。

1. 소주
   쇼-쮸-
   焼酎

2. 맥주
   비-루
   ビール

- 握って 니깃떼 쥐어, 초밥으로 만들어
- 適当に 데끼또-니 적당히
- 焼酎 쇼-쮸- 소주

⑱ さしみ定食を ください。 회정식을 주십시오.

1 다음 대화를 듣고 빈칸에 알맞은 답을 골라보세요.

> A ご^{ちゅうもん}注文 よろしいですか。　주문하시겠습니까?
> B （　　　　　　　　）（　　　　　　）

1　さしみ定^{ていしょく}食を ください。

2　ひらめを 握^{にぎ}って ください。

3　チーズバーガーを ください。

4　スパゲッティを ください。

2 다음 문장을 일본어로 써 보세요.

1　조금 뒤에 주문해도 되겠습니까?

2　광어를 초밥으로 주세요.

3　일본청주로 하겠습니다.

4　마실 것은 무엇으로 하시겠습니까?

일본요리열전

일본요리의 묘미는 역시 시각적 효과에 있다고 봐도 과언이 아니다. 맛있는 요리는 먹는 이의 입맛은 물론 마음까지도 감동시키지 않을까?

→ しゃぶしゃぶ	샤부샤부	샤브샤브
すきやき	스끼야끼	전골
定食(ていしょく)	데-쇼꾸	정식
懐石料理(かいせきりょうり)	가이세끼료-리	
	가이세끼식(요리를 만들어 하나로 차례로 내놓는)의 코스요리	
~丼(どん)	~돈	~덮밥
豚(とん)カツ	동카츠	돈까스
ビフテキ	비후테키	비프스테이크

해답
1 ①さしみ定食を ください。
2 ①少し 後で 注文しても いいですか　②ひらめを 握って ください。
　③日本酒に します。　　　　　　　　④お飲み物は 何に なさいますか。

⑱ さしみ定食を ください。 회정식을 주십시오.

교통

19. 原宿へ 行きたいんですが、どうやって 行きますか。
하라주쿠에 가고 싶은데, 어떻게 가면 됩니까?

전철

일본은 철도 교통이 발달된 나라이다. 버스도 있긴 하지만 교통지옥에서 버스로 시간을 맞추기란 하늘의 별 따기. 철도 교통도 노선이 상당히 복잡하므로 잘 숙지하고 이용하는 것이 좋다. 택시를 이용할 수도 있겠지만 이 경우에는 살인적인 물가는 항상 염두에 둘 것!!

새로운 단어

- 原宿(はらじゅく) 하라쥬꾸 하라주쿠
- 山手線(やまてせん) 야마노떼셍 야마노테선
- 秋葉原(あきはばら) 아끼하바라 아키하바라
- 乗(の)り換(か)える 노리까에루 갈아타다
- 切符(きっぷ) 깁뿌 표
- きっぷうりば 깁뿌우리바 표 파는 곳
- どうやって 도-얏떼 어떻게 해서
- 中央線(ちゅうおうせん) 쮸-오-셍 쥬오우센
- 外回(そとまわ)り 소또마와리 바깥으로 돎
- 買(か)う 가우 사다

실례합니다. 하라주쿠에 가고 싶은데, 어떻게 가면 됩니까?

李

すみません。 스미마셍
原宿へ 行きたいんですが、どうやって 行きますか。
하라쥬꾸에 이끼따인데스가, 도-얏떼 이끼마스까

야마노테선으로 아키하바라까지 가서, 쥬우오우센으로 갈아타십시오.

駅員

山手線で 秋葉原まで 行って、
中央線に お乗りかえください。
야마노떼센데 아끼하바라마데 잍떼, 쮸-오-센니 오노리까에구다사이

바깥쪽으로 돕니까?

外回りですか。 소또마와리데스까

예, 그렇습니다.

ええ、そうです。 에-, 소-데스

대단히 감사합니다. 표는 어디서 사는 겁니까?

どうも ありがとう ございました。
도-모 아리가또- 고자이마시따
切符は どこで 買うんですか。 깁뿌와 도꼬데 가운데스까

저기 표 파는 곳에서 사십시오.

あそこの きっぷうりばで 買って ください。
아소꼬노 깁뿌우리바데 갇떼 구다사이

⑲ 原宿へ 行きたいんですが、どうやって 行きますか。
　　하라주쿠에 가고 싶은데, 어떻게 가면 됩니까?

~たい　　　　　　　　　　　　　　　　　~하고 싶다

~たい 따이 는 말하는 사람의 희망이나 욕구를 나타내는 조동사이다. 희망하는 대상에는 조사 が 가 를 쓴다.

　하라쥬꾸에 이끼따인데스가
原宿へ　行きたいんですが。 하라쥬쿠에 가고 싶은데요.

　료꼬-니 이끼따인데스
旅行に　行きたいです。 여행을 가고 싶습니다.

　아이스쿠리-무가 다베따이데스
アイスクリームが　食べたいです。
　　　　　　　　　　　　　　아이스크림을 먹고 싶습니다.

• 旅行 료꼬- 여행

앞의 경우와는 달리 자신의 욕구를 위하여 의도적으로 행동을 할 경우에는 たい 따이 앞 대상에 조사 を 오 를 쓴다.

　와따시와 각꼬-오 야메따이데스
わたしは　学校を　やめたいです。
나는 학교를 그만두고 싶습니다.

> ★ ~で ~으로 수단

방법이나 수단의 의미로 쓰이는 ~で 데 에 대해 알아보자.

예)
야마노떼센데 아끼하바라마데 일떼 구다사이
山手線で 秋葉原まで 行って ください。
야마노테선으로 아키하바라까지 가십시오.

난데 가끼마스까
何で 書きますか。 무엇으로 씁니까?

바스데 이까나께레바 나리마셍
バスで 行かなければ なりません。
버스로 가지 않으면 안 됩니다.

• ~まで 마데 ~까지

> ~なければ なりません ~하지 않으면 안 된다,
> ~해야만 한다

ない 나이 ~않다와 なる 나루 되다의 부정인 なりません 나리마셍 안된다을 중복으로 사용하여 ~하지 않으면 안 된다는 강조의 용법으로 시용 되고 있다.
ない 나이 는 조동사이지만 형용사와 같은 활용을 한다.
~하지 않으면의 가정형으로 바꾸기 위해 형용사의 가정형에 관해 알아보자.

⑲ 原宿へ 行きたいんですが、どうやって 行きますか。
하라주쿠에 가고 싶은데, 어떻게 가면 됩니까?

POINT & 해설

형용사의 가정형

- 형용사의 어미 い 이 ⇨ ければ 께레바　~하면

예) たかい 비싸다 (다까이) ⇨ たかければ (다까께레바)　비싸면

やすい 싸다 (야스이) ⇨ やすければ (야스께레바)　싸면

いい 좋다 (이-) ⇨ よければ (요께레바)　좋으면

★ ~で　　　　　　　　　　　　　　　　~에서 장소

장소의 의미로 쓰이는 ~で 데 에 대해 알아보자.

예) うちで 休んで ください。 집에서 쉬십시오.
(우찌데 야슨데 구다사이)

切符は どこで 買うんですか。 표는 어디서 사는 겁니까?
(깁뿌와 도꼬데 가운데스까)

秋葉原で 会いましょう。 아키하바라에서 만납시다.
(아끼하바라데 아이마쇼-)

> **みんなで**   모두

~で 데 는 장소나 방법이 아닌 경우에도 여러 의미로 쓰인다. ~みんなで 민나데 는 정도와 수량의 의미로 쓰이며 우리말의 **모두 합해서**의 뜻이다. 全部で 젬부데 라고도 한다. 그 외에 원인·이유의 뜻으로도 쓰인다.

예) 病気で 休む。   병 때문에 쉬다
뵤-끼데 야스무

⑲ 原宿へ 行きたいんですが、どうやって 行きますか。
하라주쿠에 가고 싶은데, 어떻게 가면 됩니까?

하라주쿠에 가고 싶은데, 어떻게 가면 됩니까?

하라쥬꾸에 이끼따인데스가, 도-얃떼 이끼마스까

はら じゅく い   い
原宿へ 行きたいんですが、どうやって 行きますか。

1	신주쿠	2	아키하바라	3	이케부쿠로
	신쥬꾸		아끼하바라		이께부꾸로
	しんじゅく		あき は ばら		いけ ぶくろ
	新宿		秋葉原		池袋

JR노선도

・新宿 신쥬꾸 신쥬쿠   ・池袋 이께부꾸로 이케부쿠로

> 야마노테선으로 아키하바라까지 가서,
> 쥬오우센으로 갈아타십시오.
>
> 야마노떼센데 아끼하바라마데 잇떼, 쮸-오-센니 오노리까에구다사이
> 山手線で 秋葉原まで 行って、中央線に お乗りかえ ください。

1. 야마노테선 / 시부야 / 소부센
   야마노떼센 / 시부야 / 소-부센
   山手線 / 渋谷 / 総武線

2. 쥬오우센 / 신주쿠 / 한조몬센
   쮸-오-셍 / 신쥬꾸 / 한조-몬센
   中央線 / 新宿 / 半蔵門線

3. 야마노테선 / 시부야 / 마루노우치센
   야마노떼센 / 시부야 / 마루노우찌센
   山手線 / 渋谷 / 丸の内線

- 渋谷 시부야 시부야
- 総武線 소-부센 소부센
- 半蔵門線 한조-몬센 한조몬센
- 丸の内線 마루노우찌센 마루노우치센

⑲ 原宿へ 行きたいんですが、どうやって 行きますか。
하라주쿠에 가고 싶은데, 어떻게 가면 됩니까?

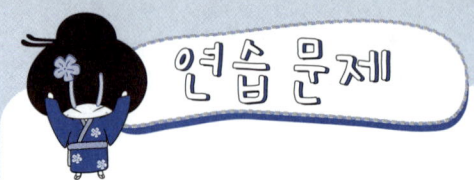 

1 다음 대화를 듣고 빈칸에 알맞은 답을 골라보세요.

> A 切符は どこで 買うんですか。
> 표는 어디서 사는 겁니까?
>
> B あそこの(　　　)で 買って ください。
> 저기 (　　　)에서 사십시오.

1 やおや
2 きっぷうりば
3 デパート
4 パンや

2 다음 문장을 일본어로 써 보세요.

1 하라주쿠에 가고 싶은데, 어떻게 가면 됩니까?

2 바깥쪽으로 돕니까?

3 표는 어디서 사는 겁니까?

4 쥬오우센으로 신주쿠까지 가서, 한조몬센으로 갈아타십시오.

일본의 전철은 電鉄 아닌 電車!!

앞에서 일본어의 인사가 挨拶 아이사쯔 이었듯이 전철도 일본식으로 불려지며 電車 덴샤 라고 한다.

電鉄 덴떼쯔 라고 부르는 것도 있기는 하지만 민영철도를 말한다.

→ 会社の 前を 電車が 通って います。
가이샤노 마에오 덴샤가 도옷떼 이마스

회사 앞을 전철이 다니고 있습니다.

해답

1 ② きっぷうりば
2 ① 原宿へ 行きたいんですが、どうやって 行きますか。
② 外回りですか。
③ 切符は どこで 買うんですか。
④ 中央線で 新宿まで 行って、半蔵門線に お乗りかえください。

⑲ 原宿へ 行きたいんですが、どうやって 行きますか。
하라주쿠에 가고 싶은데, 어떻게 가면 됩니까?

20 あそこの 前で 止めて ください。
저기 앞에서 세워 주세요.

택시

살인적인 물가의 일본에서 택시를 타기란 쉬운 일이 아니다. 하지만 친절한 택시기사와 자동도어, 우리와는 반대인 운전자와 탑승자의 좌석배치 등은 재미있는 점차로가 우리와는 정반대임 이다. 빈 차는 유리창 앞쪽에 空車(구-샤) 라고 불이 들어와 잡기가 수월하다. 서비스와 질, 합승이 없는 점은 구미가 당기나 가격은 좀…. 장거리는 엄두조차 나지 않는다.

새로운 단어

- ~の ほう 노 호- ~쪽, 방면
- トランク 토랑쿠 트렁크 trunk
- 開ける 아께루 열다
- どのぐらい 도노구라이 어느 정도에
- かかる 가까루 걸리다
- 止める 도메루 세우다, 멈추다

어디까지 가십니까?

どちらまでですか。 도찌라마데데스까

운転手さん

아키하바라쪽으로 가 주세요.

秋葉原の ほうへ 行って ください。
아끼하바라노 호-에 잇떼 구다사이

李

예, 알겠습니다.

はい、わかりました。 하이, 와까리마시따

트렁크를 열어 주세요.

トランクを 開けて ください。 토랑쿠오 아께떼 구다사이

예.

はい。 하이

어느 정도 걸립니까?

どのぐらい かかりますか。 도노구라이 가까리마스까

20분 정도 걸립니다.

20分ぐらい かかります。 니집뿡구라이 가까리마스

저기 앞에서 세워 주세요.

あそこの 前で 止めて ください。 아소꼬노 마에데 도메떼 구다사이

예, 1,200엔입니다.

はい、1,200円です。 하이, 셍니햐꾸엔데스

⑳ あそこの 前で 止めて ください。 저기 앞에서 세워 주세요.

~の ほう ~방면, ~쪽

方(ほう) 호- 는 우리말로 ~쪽에 해당되는 방향을 나타내는 말이며, 종류나 방면을 나타내는 말로도 쓰인다.

아끼하바라노 호-에 잇떼 구다사이
秋葉(あきはばら)原の 方(ほう)へ 行(い)って ください。
아키하바라쪽으로 가주세요.

오시고또노 호-와 이까가데스까
お仕事(しごと)の ほうは いかがですか。
하시는 일은 어떠십니까?

소노 호-가 이-또 오모이마스
その ほうが いいと 思(おも)います。
그 쪽이 좋다고 생각합니다.

• ~の 方(ほう) 노 호- ~쪽, 방면   • お仕事(しごと) 오시고또 하시는 일

わかりました 알겠습니다

わかる 와까루 는 어떤 사실을 이해하였거나 사물의 내용이나 의미를 파악하였다는 뜻이다. 즉 상점에서 점원들이 손님의 요구를 받아들였을 때 쓰일 수 있다.

신쥬꾸노 호-에 잇떼 구다사이
예) 新宿の ほうへ 行って ください。

신주쿠 쪽으로 가주세요.

하이, 와까리마시따
⇨ はい、わかりました。　⇨ 예, 알겠습니다.

라-멘또 소바오 구다사이
ラーメンと そばを ください。

라면과 메밀국수를 주세요.

하이, 와까리마시따
⇨ はい、わかりました。　⇨ 예, 알겠습니다.

★ どのぐらい　　　　　　　　　　　어느 정도

どの 도노 어느와 ぐらい 구라이 정도가 결합되어 길이나 시간, 거리, 높이 무게, 깊이 등이 얼마인지를 나타낼 때에 쓰는 말이다.

세와 도노구라이 아리마스까
예) 背は どのぐらい ありますか。　키는 얼마나 됩니까?

다이쥬-와 도노구라이 아리마스까
体重は どのぐらい ありますか。체중은 얼마나 됩니까?

교리와 도노구라이 아리마스까
距離は どのぐらい ありますか。거리는 얼마나 됩니까?

- 背 세 키　・体重 다이쥬- 체중　・距離 교리 거리

⑳ あそこの 前で 止めて ください。 저기 앞에서 세워 주세요.

POINT & 해설

あ る	있다

~ある 아루 는 있다라는 뜻 이외에, 길이나 시간, 거리, 높이 무게, 깊이 등이 얼마나 된다는 뜻이 담겨있다.

 前   앞

방향을 나타내는 말을 알아보자.

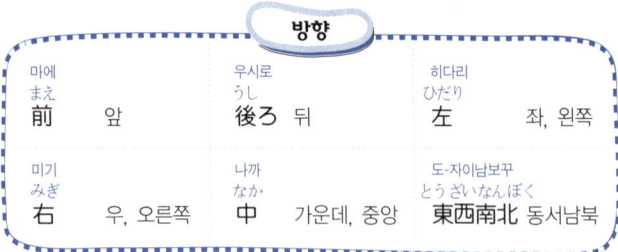

마에 まえ 前 앞	우시로 うし 後ろ 뒤	히다리 ひだり 左 좌, 왼쪽
미기 みぎ 右 우, 오른쪽	나까 なか 中 가운데, 중앙	도-자이남보꾸 とうざいなんぼく 東西南北 동서남북

쯔기노 가도오 미기니 마갇떼 구다사이

예문 次の 角を 右に 曲がって ください。

다음 모퉁이를 오른쪽으로 돌아주세요.

아소꼬노 마에데 도메떼 구다사이

あそこの 前で 止めて ください。

저기 앞에서 세워 주세요.

- 角 가도 모퉁이
- 曲がる 마가루 돌다

응용 1

저기 앞에서 세워 주세요.

아소꼬노 마에데 도메떼 구다사이

あそこの 前で 止めて ください。

1 저 학교 앞에
아노 각꼬-노 마에니
あの 学校の 前に

2 저 신호등 바로 앞에서
아노 싱고-노 데마에데
あの 信号の 手前で

응용 2

트렁크를 열어 주세요.

토랑쿠오 아께떼 구다사이

トランクを 開けて ください。

1 빨리 가 주세요.
하야꾸 잇떼 구다사이
早く 行って ください

2 긴자역 쪽으로 가 주세요.
긴자센노 호-에 잇떼 구다사이
銀座駅の 方へ 行って ください

- 信号 싱꼬- 신호
- 手前 데마에 바로 앞
- 銀座駅 긴자에끼 긴자역

⑳ あそこの 前で 止めて ください。 저기 앞에서 세워 주세요.

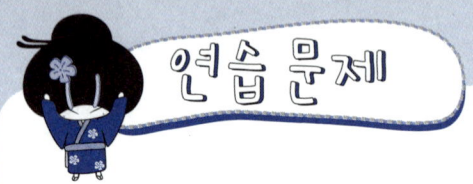 

1 다음 대화를 듣고 빈칸에 알맞은 답을 골라보세요.

> A どちらまでですか。 어디까지 가십니까?
> B (　　　)の ほうへ 行って ください。
> 　　　(　　　)쪽으로 가주세요.

1 秋葉原(あきはばら)
2 新宿(しんじゅく)
3 銀座(ぎんざ)
4 東京大学(とうきょうだいがく)

2 다음 문장을 일본어로 써 보세요.

1 트렁크를 열어 주세요.

2 저기 앞에서 세워 주세요.

3 빨리 가 주세요.

4 긴자역 쪽으로 가 주세요.

알아두면 유익한 위치명사

앞에서 교통과 관련된 위치명사들을 익혔다. 기본적인 회화를 위해 필요한 것들에 관해 좀 더 알아보고 지나가기로 한다.

우에 うえ 上　위	시다 した 下　아래	나까 なか ~中　속, 안
소바 そば　옆, 곁	소또 そと 外　바깥	무꼬-가와 む こう がわ 向こう側　건너편

해답
1 ③ 銀座
2 ① トランクを 開けて ください。　② あそこの 前で 止めて ください。
　③ 早く 行って ください。　　　　　④ 銀座駅の 方へ 行って ください。

⑳ あそこの 前で 止めて ください。 저기 앞에서 세워 주세요.

버스

버스는 철도 교통이 발달한 관계로 그다지 발달하지는 못했다. 기본요금이 비싸기도 하지만 교통체증도 한몫을 더했다. 그냥 지하철 구간 간의 보조수단으로 이용하는 것이 좋겠다.

새로운 단어

- バス停 바스떼- 버스 정류장
- 大学 다이가꾸 대학
- バス 바스 버스 bus
- 向う 무꼬- 건너편
- 何番 남방 몇 번
- ~に 乗る ~니 노루 ~을(를) 타다

실례지만, 버스정류장이 어디입니까?

金

すみませんが、バス停は どこですか。
스미마셍가, 바스떼-와 도꼬데스까

건너편입니다.

行人

向うです。 무꼬-데스

도쿄대학에 가고 싶습니다만, 몇 번 버스를 타면 됩니까?

東京大学へ 行きたいんですが、
도-꾜-다이가꾸에 이끼따인데스가,

何番バスに 乗れば いいですか。
남밤바스니 노레바 이-데스까

5번 버스를 타세요.

5番バスに 乗ってください。 고밤바스니 논떼 구다사이

감사합니다.

ありがとう ございます。 아리가또- 고자이마스

㉑ 何番バスに 乗れば いいですか。 몇 번 버스를 타면 됩니까?

★ すみません
저, 실례합니다

일본어의 **すみません** 스미마셍 은 원래 사과의 의미로 **미안합니다**이다. 그러나 모르는 사람에게 말을 걸 때나 상점 등에서 종업원을 부를 때에도 쓰이며 감사의 의미로 사용되기도 한다.

예)
스미마셍가, 바스떼-와 도꼬데스까
すみませんが、バス停は どこですか。
실례지만, 버스정류장이 어디입니까?

스미마셍, 고레 이꾸라데스까
すみません、これ いくらですか。
여기요, 이거 얼마예요?

스미마셍, 메뉴-오 오네가이시마스
すみません、メニューを お願いします。
여기요, 메뉴 좀 부탁합니다.

★ ~ば
~하면, ~하고

~ば 바 는 가정의 뜻으로 쓰이는 경우와 앞의 상황 뒤에 그러한 결과가 오는 경우, 아니면 열거의 뜻 등으로 사용된다. 동사의 가정형에 관해서는 부록을 참조하기 바란다.

아메가 후레바 이께마셍
> 雨が 降れば 行けません。　　　　　가정
> 　　　　　비가 오면 갈 수 없습니다.

나쯔니 나루또 아쯔꾸 나리마스
> 夏に なると 暑く なります。　　당연히 나오는 결과
> 　　　　　여름이 되면 더워집니다.

가레와 벵꾜-모 데끼레바 운도-모 데끼마스
> 彼は 勉強も できれば 運動も できます。　열거
> 　　　　　그는 공부도 잘하고, 운동도 잘합니다.

- 暑い 아쯔이 덥다
- 勉強 벵꾜- 공부

~に 乗る　　　　　　　　　　　　　　~을(를) 타다

乗る 노루 타다 라는 동사 앞의 대상에는 항상 조사 に 니를 써야 하므로 주의한다.

남밤바스니노레바 이-데스까
> 何番バスに 乗れば いいですか。
> 　　　　　몇 번 버스를 타면 됩니까?

기샤니 놋떼 료꼬-니 이끼마스
> 汽車に 乗って 旅行に 行きます。
> 　　　　　기차를 타고 여행을 갑니다.

- 何番バス 남밤바스 몇 번 버스
- 汽車 기샤 기차

ありがとう ございます
감사합니다

감사의 의미로 쓰이며, ありがとう ございます 아리가또- 고자이마스 는 ありがとう 아리가또- 고마워의 정중한 표현이다. どういたしまして 도-이따시마시떼 천만에요로 깔끔하게 응답하면 만사 OK!!

혼또-니 아리가또-고자이마스
ほんとうに ありがとう ございます.
대단히 고맙습니다.

도-이따시마시떼
⇨ どういたしまして。　⇨ 천만에요.

응용 1

실례지만 버스정류장이 어디입니까?

すみませんが、バス停は どこですか。
스미마셍가, 바스떼-와 도꼬데스까

> 건너편입니다.
>
> 무꼬-데스
> 向うです。

1 요 앞입니다.
고노 마에데스
この 前です

2 저쪽입니다.
아소꼬데스
あそこです

응용 2

> 5번 버스를 타세요.
>
> 고방바스니 놋떼 구다사이
> 5番バスに 乗って ください。

1 오사카행
오-사까유끼노
大阪行きの

2 나리타행
나리따유끼노
成田行きの

3 하토
하또
はと

• ~行き 유끼 ~행 • はとバス 하또바스 도쿄시내를 도는 관광버스 ▶ 일종의 시티투어라 할 수 있다

㉑ 何番バスに 乗れば いいですか。 몇 번 버스를 타면 됩니까?

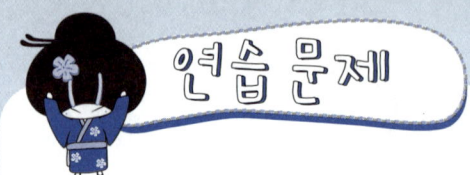 

1 다음 대화를 듣고 빈칸에 알맞은 답을 골라보세요.

> A　すみませんが、バス停は どこですか。
> 　　　　　　　　　　　실례지만, 버스정류장이 어디입니까?
> B　(　　　　　　　　　) (　　　　　)

1　向うです。

2　この 前です。

3　あそこです。

4　ここです。

2 다음 문장을 일본어로 써 보세요.

1　몇 번 버스를 타면 됩니까?

2　오사카행 버스를 타세요.

3　하토버스를 타세요.

4　도쿄대학에 가고 싶습니다.

정류장

⇒ バス停	바스떼-	버스정류장
停留所	데-류-죠	정류장
タクシー乗り場	타쿠시-노리바	택시정류장

해답
1. ② この 前です。
2. ① 何番バスに 乗れば いいですか。　② 大阪行きの バスに 乗って ください。
   ③ はとバスに 乗って ください。　④ 東京大学へ 行きたいんです。

(21) 何番バスに 乗れば いいですか。 몇 번 버스를 타면 됩니까?

일상생활 22 いつ 仕上がりますか。
언제 다 됩니까?

세탁

우리나라가 아닌 외국에서 생활을 하려면 작은 문제에서부터 신경 쓰이는 문제가 이만저만이 아니다. 더군다나 딱히 대놓고 도움을 청할 대상이 없다면 그야말로 앞이 캄캄!! 세탁소에서 많이 쓰이는 표현을 알아보자.

새로운 단어

- ドライクリニング 도라이쿠리닝구 드라이클리닝 dry cleaning
- いつ 이쯔 언제
- 仕上がる 시아가루 다 되다, 마무리하다
- なるべく 나루베꾸 가능한 한
- あした 아시따 내일
- 午後 고고 오후
- ~までに 마데니 ~까지
- ~して おく 시떼오꾸 ~해 두다

드라이클리닝을 부탁합니다.

金

ドライクリーニングを お願いします。
도라이쿠리-닝구오 오네가이시마스

예, 알겠습니다.

店員

はい、かしこまりました。 하이, 가시꼬마리마시따

언제 다 됩니까?

いつ 仕上がりますか。 이쯔 시아가리마스까

이틀정도 걸립니다.

二日ぐらい かかります。 후쯔까구라이 가까리마스

좋습니다. 부탁합니다. 가능한 한 빨리 해 주십시오.

けっこうです。お願いします。 겍꼬-데스. 오네가이시마스
なるべく 早く して ください。
나루베꾸 하야꾸 시떼 구다사이

그렇습니까? 그럼 내일 오후까지 해 놓겠습니다.

そうですか。 소-데스까
じゃ、あしたの 午後までに して おきます。
쟈, 아시따노 고고마데니 시떼 오끼마스

POINT & 해설

★ 2日   이틀

~일에 관한 표현들을 알아보기로 한다.

~일

ついたち 1日 쯔이따찌	ふつか 2日 후쯔까	みっか 3日 믹까	よっか 4日 욕까	いつか 5日 이쯔까	むいか 6日 무이까
なのか 7日 나노까	ようか 8日 요-까	ここのか 9日 고꼬노까	とおか 10日 도-까	じゅういちにち 11日 쥬-이찌니찌	じゅうににち 12日 쥬-니니찌
じゅうよっか 14日 쥬-욕까	はつか 20日 하쯔까	にじゅういちにち 21日 니쥬-이찌니찌	にじゅうよっか 24日 니쥬-욕까	さんじゅうにち 30日 산쥬-니찌	さんじゅういちにち 31日 산쥬-이찌니찌

- 14일, 20일, 24일 등은 읽는 법에 주의해야 한다.

★ なるべく   될 수 있는 대로, 가능한 한

나루베꾸 하야꾸 시떼 구다사이

なるべく 早く して ください。

될 수 있는 대로 빨리 해 주십시오.

나루베꾸 하야꾸 기떼 구다사이

なるべく 早く 来て ください。

될 수 있는 대로 빨리 오세요.

나루베꾸 하야꾸 쇼리시떼 구다사이
예】 なるべく 早く 処理して ください。
될 수 있는 대로 빨리 처리해 주세요.

• 処理 쇼리 처리

★ ~までに ~까지

までに 마데니는 언제 언제까지로 기간이 한정되어 있을 경우에 쓰이는 표현이다.

아시따노 고고마데니 시떼 구다사이
예】 あしたの 午後までに して ください。
내일 오후까지 해주세요.

슈꾸다이와 게쯔요-비마데니 다시떼 구다사이
宿題は 月曜日までに 出して ください。
숙제는 월요일까지 내세요.

하쯔까마데니 오꾸레나이요-니 가에시떼 구다사이
20日までに 遅れないように 返してください。
20일까지 늦지 않도록 반납하세요.

• 宿題 슈꾸다이 숙제   • 遅れる 오꾸레루 늦다   • 返す 가에스 돌려주다, 반납하다

(22) いつ 仕上がりますか。 언제 다 됩니까?

★ まで와 までに의 차이점

まで 마데 와 までに 마데니 는 둘 다 ~까지의 의미로 쓰이나 뒤의 までに 마데니 는 기간이 한정되어 있을 경우에 쓰이니 유의하여야 한다.

난지까라 난지마데데스까
예) 何時から 何時までですか。 몇 시부터 몇 시까지입니까?

슈꾸다이와 아시따마데니 다시떼 구다사이
宿題は あしたまでに 出して ください。
숙제는 내일까지 내십시오.

★ ~て おく
~해 두다, ~해 놓다

자주 나오는 표현중의 하나로, 미래의 일에 대비하여 무엇인가를 할 때에 쓰인다.

아시따노 고고마데니 시떼 오끼마스
예) あしたの 午後までに して おきます。
내일 오후까지 해 놓겠습니다.

치켓토와 아라까지메 갇떼 오끼마시따
チケットは あらかじめ 買って おきました。
티켓은 미리 사두었습니다.

• チケット 치켓토 티켓 ticket   • あらかじめ 아라까지메 미리

응용 1

> 드라이클리닝을 부탁합니다.
>
> 도라이쿠리-닝구오 오네가이시마스
>
> ドライクリーニングを お願いします。

1 이 코트를 클리닝하고 싶습니다.

고노 코-토오 쿠리-닝구시따이데스
このコートを クリーニングしたいです

2 이것을 클리닝하고 싶습니다.

고레오 쿠리-닝구시따이데스
これを クリーニングしたいです

응용 2

> 다림질해 주세요.
>
> 아이롱오 가께떼 구다사이
>
> アイロンを かけて ください。

1 얼룩을 빼주세요.

요고레오 오또시떼 구다사이
汚れを 落として ください

2 허리를 줄여주세요.

웨스토오 쯔메떼 구다사이
ウェストを 詰めて ください

- コート 코-토 코트 coat
- アイロン 아이롱 다리미 iron
- ウェスト 웨스토 허리 waist
- アイロンを かける 아이롱오 가께루 다림질을 하다
- 汚れ 요고레 얼룩
- 詰める 쯔메루 줄이다
- 落とす 오또스 떨어뜨리다

(22) いつ 仕上がりますか。언제 다 됩니까?

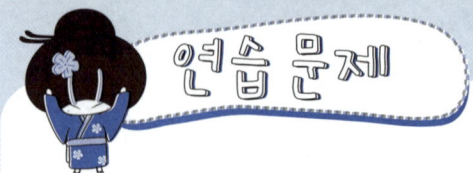

1 다음 대화를 듣고 빈칸에 알맞은 답을 골라보세요.

> A　いらっしゃいませ。 어서 오십시오.
> B　(　　　　　　　　　)したいです。
> 　　　(　　　　　　)하고 싶습니다.

1　この コートを クリーニング

2　この 背広(せびろ)を クリーニング

3　この コートを リフォーム

4　この ワイシャツを クリーニング

2 다음 문장을 일본어로 써 보세요.

1　언제 다 됩니까?

2　다림질해 주세요.

3　될 수 있는 대로 빨리 해 주십시오.

4　허리를 줄여주세요.

세탁할 때 알아두면 유익한 어휘

사실 세탁에 필요한 어휘는 그때가 아니면 잘 쓰이지 않으므로 잊어버리기 쉽다. 자주 쓰이는 알짜배기 단어들을 익히고 넘어가기로 한다.

센따꾸모노 せんたくもの 洗濯物 세탁물	오나오시 なお お直し 수선	아이롱가께 アイロンがけ 다림질
기지 きじ 生地 옷감	시루쿠 シルク 실크 silk	데아라이 てあら 手洗い 손빨래

보탕오 쯔께루
ボタンを 付ける 단추를 달다

해답
1 ②この 背広を クリーニング
2 ①いつ 仕上がりますか。　②アイロンを かけて ください。
　③なるべく 早く して ください。　④ウェストを 詰めて ください。

일상생활 23

20日までに 遅れないように 返して ください。
20일까지 늦지 않도록 돌려주세요.

도서관

바쁜 일상생활 속에서 마음놓고 책 한 권 읽기가 쉽지는 않지만 일본인들은 책을 즐겨 읽는 것으로 유명하다. 만화를 비롯해 출판문화가 발달한 것도 그런 이유 때문이다. 책 속에 진리가 있다고, 인생의 스승을 책 속에서 구하는 간 어떨까!?

새로운 단어

- 本 홍 책
- 何冊 난사쯔 몇 권
- カード 카도 카드 card
- いつまで 이쯔마데 언제까지
- 遅れる 오꾸레루 늦다
- 借りる 가리루 빌리다
- 貸出し 가시다시 대출
- 期間 기깡 기간
- 20日 하쯔까 20일
- 返す 가에스 돌려주다

저어, 책을 빌리고 싶은데요. 몇 권까지 빌릴 수 있습니까?

朴

すみません、本を 借りたいのですが、
스미마셍, 홍오 가리따이노데스가

何冊まで 借りられますか。 난사쯔마데 가리라레마스까

한 사람당 3권입니다.

図書館員

一人 3冊です。 히또리 산사쯔데스

이것을 빌리고 싶은데요.

これを 借りたいのですが。 고레오 가리따이노데스가

대출카드를 주십시오.

貸出しカードを ください。 가시다시카-도오 구다사이

예, 여기에 있습니다. 대출기간은 언제까지입니까?

はい、ここに あります。 하이, 고꼬니 아리마스

貸出し 期間は いつまでですか。
가시다시 기깡와 이쯔마데데스까

2주간입니다. 그럼 20일까지 늦지 않도록 돌려주세요.

2週間です。 니슈-깐데스

じゃ、20日までに 遅れないように 返して ください。
쟈, 하쯔까마데니 오꾸레나이요-니 가에시떼 구다사이

예, 알겠습니다.

はい、わかりました。 하이, 와까리마시따

㉓ 20日までに 遅れないように 返して ください。 20일까지 늦지 않도록 돌려주세요.

POINT & 해설

~のです
~인 것입니다

~です 데스 ~입니다 앞에 の 노(ん은 회화체)를 넣어 문장에 의미를 더하여 주거나 말하는 이의 주장을 강조하여 준다. 동사나 형용사에 연결될 때에는 ~のです 노데스 의 형태이나 명사는 ~なのです 나노데스 로 な 나 가 삽입되고, な형용사는 だ 다 ⇨ な 나 로 변하여 ~なのです 나노데스 가 된다.

예)
홍오 가리따이노데스가
本を 借りたいのですが。　책을 빌리고 싶은데요.

와따시와 스이까가 스끼나노데스
私は すいかが 好きなのです。
　　　　　　　　　　　나는 수박을 좋아합니다.

도모다찌노 오미야게오 가이따이노데스가
友達の おみやげを 買いたいのですが。
　　　　　　　　　　친구선물을 사고 싶은데요.

• **おみやげ** 오미야게 선물

★ 借りられる   빌릴 수 있다

~れる 레루・られる 라레루

여러 가지의 용법 가능·수동·자발·존경 중, 여기서는 **가능 ~할 수 있다**의 뜻을 나타내는 용법에 관해 알아보기로 하겠다.

1 ~れる 레루

1그룹동사의 기본형 う단을 え단으로 바꾼다.

話(はな)す의 가능형은 話(はな)せる 하나세루,

する 스루 의 가능형은 できる 데끼루 이다.

기본형		가능형	
이꾸 行(い)く	가다	이께루 行(い)ける	갈 수 있다
아우 会(あ)う	만나다	아에루 会(あ)える	만날 수 있다
노무 飲(の)む	마시다	노메루 飲(の)める	마실 수 있다

(23) 20日までに 遅れないように 返して ください。 20일까지 늦지 않도록 돌려주세요.

POINT & 해설

기본형		가능형	
오요구 およ 泳ぐ	헤엄치다	오요게루 およ 泳げる	헤엄칠 수 있다
하나스 はな 話す	말하다	하나세루 はな 話せる	말할 수 있다
스루 する	하다	데끼루 できる	할 수 있다

2 ~られる 라레루

2그룹동사・か가행변격동사는 る를 빼고 ~られる를 붙인다.
か가행변격동사 来る 구루 의 가능형은 来られる 고라레루 이다.

기본형		가능형	
미루 み 見る	보다	미라레루 み 見られる	볼 수 있다
다베루 た 食べる	먹다	다베라레루 た 食べられる	먹을 수 있다
구루 く 来る	오다	고라레루 こ 来られる	올 수 있다

와따시와 아사 하야꾸 히또리데 오끼라레마스
わたしは 朝早く 一人で 起きられます。
나는 아침 일찍 혼자서 일어날 수 있습니다.

고노 세-힝와 쿠레짇토카-도데 가에마스까
この 製品は クレジットカードで 買えますか。
이 제품은 크레디트 카드로 살 수 있습니까?

- 製品 세-힝 제품
- クレジットカード 쿠레짇토카-도 신용카드 credit card

★ ~ように　~하도록, ~하게

동사의 기본형에 연결되어 **어떤 행동을 잘 할 수 있도록**의 뜻, 즉 목적을 나타낸다.

니홍고가 데끼루요오-니 나리마시따
日本語が できるように なりました。
일본어를 잘 할 수 있게 되었습니다.

구지마데니 아쯔마루요오-니 시떼 구다사이
9時までに 集まるように して ください。
9시까지 모이도록 해 주세요.

- 日本語 니홍고 일본어
- 集まる 아쯔마루 모이다

㉓ 20日までに 遅れないように 返して ください。 20일까지 늦지 않도록 돌려주세요.

POINT & 해설

★ ~ないように
~하지 않도록

이번에는 부정형 ない 나이 가 연결되어 ~하지 않도록의 의미로 쓰이는 경우이다.

예)
하쯔까마데니 오꾸레나이요-니 가에시떼 구다사이
20日までに 遅れないように 返して ください。
20일까지 늦지 않도록 반납하세요.

가제오 히까나이요-니 쮸-이시떼 구다사이
風邪を 引かないように 注意して ください。
감기 걸리지 않게 주의하세요.

• 風邪を 引く 가제오 히꾸 감기에 걸리다

몇 권까지 빌릴 수 있습니까?

난사쯔마데 가리라레마스까
何冊まで 借りられますか。

1 3권까지
산사쯔마데
3冊まで

2 언제까지
이쯔마데
いつまで

3 며칠정도
난니찌구라이
何日ぐらい

외국인도 빌릴 수 있습니까?

가이꼬꾸징모 가리루 고또가 데끼마스까
外国人も 借りる ことが できますか。

1 잡지도 빌릴 수 있습니까?
잣시모 가리루 고또가 데끼마스까
雑誌も 借りる ことが できますか

2 예약을 할 수 있습니까?
요야꾸스루 고또와 데끼마스까
予約する ことは できますか

• 外国人 가이꼬꾸징 외국인　　• 雑誌 잣시 잡지　　• 予約 요야꾸 예약

㉓ 20日までに 遅れないように 返して ください。 20일까지 늦지 않도록 돌려주세요.

1 다음 대화를 듣고 빈칸에 알맞은 답을 골라보세요.

> A 何冊(なんさつ)まで 借(か)りられますか。
> 몇 권까지 빌릴 수 있습니까?
>
> B 一人 (　　　)です。 한 사람당 (　　)입니다.

1 一冊 (いっさつ)
2 二冊 (にさつ)
3 三冊 (さんさつ)
4 四冊 (よんさつ)

2 다음 문장을 일본어로 써 보세요.

1 대출카드를 주십시오.

2 언제까지 빌릴 수 있습니까?

3 잡지도 빌릴 수 있습니까?

4 예약을 할 수 있습니까?

~冊 ~권

冊 さつ 는 노트나 책의 권수를 나타내는 조수사이다. 뒤에 부록으로 조수사에 관한 내용이 나오긴 하지만 간단히 알아보자.

잇사쯔 いっさつ 1冊 한 권	니사쯔 にさつ 2冊 두 권	산사쯔 さんさつ 3冊 세 권
욘사쯔 よんさつ 4冊 네 권	고사쯔 ごさつ 5冊 다섯 권	록사쯔 ろくさつ 6冊 여섯 권
나나사쯔 ななさつ 7冊 일곱 권	핫사쯔 はっさつ 8冊 여덟 권	규-사쯔 きゅうさつ 9冊 아홉 권
줏사쯔·짓사쯔 じゅっさつ·じっさつ 10冊 열 권	난사쯔 なんさつ 何冊 몇 권	

해답
1 ③ 三冊
2 ① 貸出しカードを ください。　　② いつまで 借りられますか。
　 ③ 雑誌も 借りる ことが できますか。　④ 予約する ことは できますか。

㉓ 20日までに 遅れないように 返して ください。 20일까지 늦지 않도록 돌려주세요.

전화 24

切らずに このまま
お待ちいただけますか。

끊지 말고 기다려 주시겠습니까?

전화연결

일상에서 전화는 훌륭한 통신수단임에 틀림이 없다. 비즈니스 상에서라면 그 진가를 더욱 발휘한다. 하지만 상대방과 단지 음성수단만으로 의사를 전달하는 만큼 세심하게 배려해야 하는 부분이 없지 않다. 또박또박 정확하게 발음하도록 노력해야 하며 상대방의 전화통화 형편을 배려하는 센스가 요구된다.

새로운 단어

- もしもし 모시모시 여보세요
- ~と 申す 또 모-스 ~라고 말하다
- いらっしゃる 이랏샤루 계시다
- 切らずに 기라즈니 끊지 말고
- お宅 오따꾸 댁
- このまま 고노마마 이대로
- 代る 가와루 바꾸다

山田(やまだ)

여보세요. 다나카씨 댁입니까?
もしもし、田中(たなか)さんの お宅(たく)ですか。
모시모시, 다나까상노 오따꾸데스까

田中(たなか)の
いもうとさん

예, 그렇습니다만. 누구십니까?
はい、そうですが。 하이, 소-데스가
どちらさまでしょうか。 도찌라사마데쇼-까

저는 야마다라고 합니다만, 다나카씨 계십니까?
こちらは 山田(やまだ)と 申(もう)しますが、
田中(たなか)さん いらっしゃいますか。
고찌라와 야마다또 모-시마스가, 다나까상 이랏샤이마스까

네, 이대로 끊지 말고 기다려주시겠습니까?
はい、
このまま 切(き)らずに お待(ま)ちいただけますか。
하이, 고노마마 기라즈니 오마찌이따다께마스까

◇ ◇ ◇

田中(たなか)

여보세요. 전화 바꿨습니다.
もしもし、お電話(でんわ) かわりました。
모시모시, 오뎅와 가와리마시따

㉔ 切(き)らずに このまま お待(ま)ちいただけますか。 끊지 말고 기다려 주시겠습니까?

POINT & 해설

★ お宅
댁

원래 お(ご)는 명사 앞에 붙어 존경의 뜻을 나타내거나 그것과는 상관없이 단순히 말의 품위를 위하여 습관적으로 붙이는 경우가 있다. 후자의 경우를 미화어라고 한다. 또한 이 お는 순수 일본어에, ご는 한자에 붙는다고들 하지만 반드시 그렇다고는 할 수 없다.

예)
오까네
お金 돈

고항
ご飯 밥

한자이지만 お가 붙는 경우는 다음과 같다.

예)
오뎅와
お電話 전화

오쨔
お茶 차

오캬꾸
お客 손님

오따꾸
お宅 집

★ どちらさま
어느분

どちら 도찌라 가 どなた 도나따・だれ 다레 어느 분・누구의 의미로 쓰인 경우이다.

도찌라사마데스까
- どちら様ですか。　　　누구십니까?

도찌라사마데쇼-까
どちらさまでしょうか。　누구신지요?

★ 切らずに　　끊지 말고

ず는 부정을 나타내는 ない의 옛말이다. 여기에 に가 붙어 ないで ~하지 않고의 의미로 쓰인다.

가레와 나니모 다베즈니 네떼 이마스
- 彼は 何も 食べずに 寝て います。
그는 아무것도 먹지 않고 자고 있습니다.

가노죠와 나니모 기즈니 데까께따
彼女は 何も 着ずに でかけた。
그녀는 아무것도 입지 않고 나갔다.

・寝る 네루 자다　　・着る 기루 입다

(24) 切らずに このまま お待ちいただけますか。 끊지 말고 기다려 주시겠습니까?

POINT & 해설

★ お待ちいただけますか 기다려 주시겠습니까?

앞에서 다루기는 했지만 표현들을 다시 한번 익혀보기로 한다.

오마찌이따다께마스까
お待ちいただけますか。 기다려 주시겠습니까?

오까께나오시이따다께마스까
おかけ直しいただけますか。
다시 걸어주시겠습니까?

• かけ直す 가께나오스 다시 걸다

응용1

다나카 씨 계십니까?

다나까상 이랏샤이마스까
田中さん いらっしゃいますか。

1. 김씨
김상
金さん

2. 스미스씨
스미스상
スミスさん

3. 야마다씨
야마다상
山田さん

응용2

잠시 기다려 주십시오.

쇼-쇼- 오마찌구다사이
少々、お待ちください。

1. 끊지 마세요.
기라나이데 구다사이
切らないで ください

2. 끊지 말고 그대로 기다려주시겠습니까?
고노마마 기라즈니 오마찌이따다께마스까
このまま 切らずに お待ちいただけますか

3. 지금 바꿔 드릴테니, 그대로 기다려주시겠습니까?
다다이마 가와리마스노데, 고노마마 오마찌이따다께마스까
ただいま 代わりますので、このまま お待ちいただけますか

㉔ 切らずに このまま お待ちいただけますか。 끊지 말고 기다려 주시겠습니까?

1 다음 대화를 듣고 빈칸에 알맞은 답을 골라보세요.

> A　もしもし、田中さんの お宅ですか。
> 　　　　　　　여보세요. 다나카 씨 댁입니까?
>
> B　はい、そうですが、（　　　）でしょうか。
> 　　　　　　　예, 그렇습니다만. (　　)니까?

1　どちらさま

2　何

3　ヨンさま

4　ここ

2 다음 문장을 일본어로 써 보세요.

1　다나카씨 계십니까?

2　잠시 기다려 주십시오.

3　끊지 말고 그대로 기다려주시겠습니까?

4　지금 바꿔 드릴테니, 그대로 기다려주시겠습니까?

전화상에서의 숫자 읽기는 굉장히 중요하다!!

전화상에서는 상대방의 음성만으로 내용을 파악하여야 하므로 중요한 숫자에 관련된 내용은 신경 써서 발음하지 않으면 안 된다. 그래서 혼동하기 쉬운 몇 가지는 이렇게 발음하는데 한번 살펴보기로 한다.

0 ぜろ (제로)	1 いち (이찌)	2 に (니)	3 さん (상)
4 よん (용)	5 ご (고)	6 ろく (로꾸)	7 なな (나나)
8 はち (하찌)	9 きゅう (규-)	* こめじるし (고메지루시)	# シャープ (샤-푸)

0, 4, 7의 발음에 유의하도록 하며 2는 좀 더 늘여서 2음절로 발음하도록 한다.

해답
1 ①どちらさま
2 ①田中さん いらっしゃいますか。　②少々、お待ちください。
　③切らずに このまま お待ちいただけますか
　④ただいま 代わりますので、このまま お待ちいただけますか。

㉔ **切らずに このまま お待ちいただけますか。** 끊지 말고 기다려 주시겠습니까?

전화통화

전화를 받을 수 없는 상황은 여러 가지가 있을 수 있다. 전화를 걸어온 상대방에게 사정을 설명하고 다시 해줄 것을 부탁한다. 전화를 건 사람도 누구인지를 밝히고 메모나 전할 말을 남기는 것이 바람직한 전화예절이라고 할 수 있다.

새로운 단어

- 貿易 보-에끼 무역
- 急ぐ 이소구 급하다
- お話し中 오하나시쮸- 통화중
- こちらから 고찌라까라 이쪽에서

한일무역입니다.

韓一貿易です。 강이찌보-에끼데스

会社の 人

김과장님 부탁합니다.

金課長 お願いします。 김까죠- 오네가이시마스

山田

지금 통화중입니다.

今 お話し中です。 이마 오하나시쥬-데스

얼마나 걸립니까?

どのぐらい かかりますか。 도노구라이 가까리마스까

5분 뒤에, 다시 전화 주세요.

5分後、また お電話 ください。 고홍고, 마따 오뎅와 구다사이

예, 알겠습니다.

はい、わかりました。 하이, 와까리마시따

급한 일이신 가요?

お急ぎで いらっしゃいますか。
오이소기데 이랏샤이마스까

아니오, 이쪽에서 다시 걸겠습니다.

いいえ、こちらから かけなおします。
이-에, 고찌라까라 가께나오시마스

POINT & 해설

★ 課長
과장, 과장님

일본어는 직업이나 직함 속에 이미 존경의 의미를 담고 있으므로 굳이 さん 상을 붙이지 않아도 된다.

예)
- 金課長 (김까쬬- / かちょう) 김 과장(님)
- 李部長 (이부쬬- / ぶちょう) 이 부장(님)
- 社長 (샤쬬- / しゃちょう) 사장(님)

★ 金課長 お願いします
김 과장님 부탁합니다

이름이나 직책 뒤에 お願いします 오네가이시마스 를 덧붙이면 누군가를 바꿔달라는 표현이 된다. 직함에 특별히 존경어를 붙이지 않아도 된다고 한 것은 이미 설명한 바 있다.

예)
- 金課長 お願いします。 (김까쬬- 오네가이시마스 / かちょう ねが) 김 과장님 부탁합니다.
- 李部長 お願いします。 (이부쬬- 오네가이시마스 / ぶちょう ねが) 이 부장님 부탁합니다.
- 社長 お願いします。 (샤쬬- 오네가이시마스 / しゃちょう ねが) 사장님 부탁합니다.

★ お話し中
통화중

한자 中은 **ちゅう** 쮸- 또는 **じゅう** 쥬-로 읽히는데 전자는 ~하는 중범위 내의 의미이고, 후자는 ~하는 동안 줄곧범위 처음부터 끝까지를 의미한다.

예)
- 오하나시쮸-
 お話し中 (はな ちゅう) 통화중
- 슛쬬-쮸-
 出張中 (しゅっちょう ちゅう) 출장중
- 이찌니찌쥬-
 一日中 (いちにちじゅう) 온종일
- 세까이쥬-
 世界中 (せかいじゅう) 온세계

- **出張** しゅっちょう 슛쬬- 출장
- **一日** いちにち 이찌니찌 하루
- **世界** せかい 세까이 세계

せかいじゅう

㉕ お話し中です。 통화중입니다.

★ かけなおす   다시 걸다

위 동사는 두 개의 동사가 합쳐져 생겨난 복합동사이다. 동사의 ます형에 뒤의 동사를 연결해주면 된다. 복합동사는 동사끼리도 만들어지지만 명사와 동사가 연결되어서, 또는 형용사와 동사가 만나서도 만들어진다.

동사+동사

가께나오스
예) **かけなおす**   다시 걸다

다베스기루
食べすぎる   과식하다

명사+동사

나즈께루
예) **名づける**   이름 짓다

형용사+동사

찌까요루
近寄る   접근하다

응용1

지금 통화중입니다.

이마 오하나시쮸-데스
今 お話し中です。

1. 외출중
   가이슈쯔쮸-
   がいしゅつちゅう
   外出中

2. 회의중
   가이기쮸-
   かいぎちゅう
   会議中

3. 부재중 가정집에서
   루스
   るす
   留守

응용2

이쪽에서(제가) 다시 걸겠습니다.

고찌라까라 가께나오시마스
こちらから かけなおします。

1. 나중에 또 전화하겠습니다.
   마따 아또데 뎅와시마스
   あと　でんわ
   また 後で 電話します

2. 5시쯤 다시 전화하겠습니다.
   고지고로 가께나오시마스
   ごじ
   5時ごろ かけなおします

3. 전화해 달라고 전해 주세요.
   뎅와오 구레루요-니 쯔따에떼 구다사이
   でんわ　　　　　　　　つた
   電話を くれるように 伝えて ください

• ~ごろ 고로 ~쯤, ~경　　• 伝える 쯔따에루 전하다

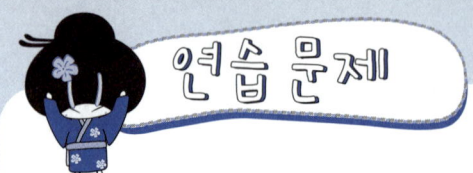 

1 다음 대화를 듣고 빈칸에 알맞은 답을 골라보세요.

> A 金課長 お願いします。 김과장님 부탁합니다.
>
> B 今(　　　　)です。 지금 (　　　)입니다.

1 お話し中
2 会議中
3 外出中
4 留守

2 다음 문장을 일본어로 써 보세요.

1 얼마나 걸립니까?

2 이쪽에서 다시 걸겠습니다.

3 전화해 달라고 전해 주세요.

4 5시쯤 다시 전화하겠습니다.

통화중·부재중·외출중??

전화를 받을 수 없는 상황도 가지가지, 한번 점검해보기로 하겠다.

お話し中	오하나시쮸-	통화중	留守 루스	부재중(가정집에서)
外出中	가이슈쯔쮸-	외출중	会議中 가이기쮸-	회의중
休暇中	규-까쮸-	휴가중		
席を はずす	세끼오 하즈스	자리를 비우다		

해답

1. ② 会議中
2. ① どのぐらい かかりますか。　　② こちらから かけなおします。
　 ③ 電話を くれるように 伝えて ください。　④ 5時ごろ かけなおします。

㉕ お話し中です。통화중입니다.

부록

숫자
조수사
な형용사
동사의 활용
꼭 알아야 할 한·일 단어

숫자

숫자 읽기

0	ゼロ・れい 제로, 레-		70	ななじゅう 나나쥬-
1	いち 이찌		80	はちじゅう 하찌쥬-
2	に 니		90	きゅうじゅう 규쥬-
3	さん 상		100	ひゃく 햐꾸
4	し・よん 시, 용		200	にひゃく 니햐꾸
5	ご 고		300	さんびゃく 삼뱌꾸
6	ろく 로꾸		400	よんひゃく 욘햐꾸
7	しち・なな 시찌, 나나		500	ごひゃく 고햐꾸
8	はち 하찌		600	ろっぴゃく 롭뺘꾸
9	く・きゅう 구, 규-		700	ななひゃく 나나햐꾸
10	じゅう 쥬-		800	はっぴゃく 합뺘꾸
11	じゅういち 쥬-이찌		900	きゅうひゃく 규-햐꾸
12	じゅうに 쥬-니		1,000	せん 셍
13	じゅうさん 쥬-상		2,000	にせん 니셍
14	じゅうよん・じゅうし 쥬-용, 쥬-시		3,000	さんぜん 산젱
15	じゅうご 쥬-고		4,000	よんせん 욘셍
16	じゅうろく 쥬-로꾸		5,000	ごせん 고셍
17	じゅうしち 쥬-시찌		6,000	ろくせん 록셍
	じゅうなな 쥬-나나		7,000	ななせん 나나셍
18	じゅうはち 쥬-하찌		8,000	はっせん 핫셍
19	じゅうくきゅう 쥬-뀨-		9,000	きゅうせん 규-셍
20	にじゅう 니쥬-		10,000	いちまん 이찌망
30	さんじゅう 산쥬-		십만	じゅうまん 쥬-망
40	よんじゅう 욘쥬-		백만	ひゃくまん 햐꾸망
50	ごじゅう 고쥬-		천만	せんまん 셈망
60	ろくじゅう 로꾸쥬-		억	いちおく 이찌오꾸

조수사

고유수사

一つ	ひとつ 히또쯔	하나	六つ	むっつ 뭇쯔	여섯
二つ	ふたつ 후따쯔	둘	七つ	ななつ 나나쯔	일곱
三つ	みっつ 밋쯔	셋	八つ	やっつ 얏쯔	여덟
四つ	よっつ 욧쯔	넷	九つ	ここのつ 고꼬노쯔	아홉
五つ	いつつ 이쯔쯔	다섯	十	とお 도-	열

➡ 열까지는 고유수사로 세고 열 하나부터는 じゅういち라고 숫자 세는 것과 똑같이 읽어야한다.

사람

一人	ひとり 히또리	한 명	七人	しちにん 시찌닝	일곱 명
二人	ふたり 후따리	두 명		ななにん 나나닝	
三人	さんにん 산닝	세 명	八人	はちにん 하찌닝	여덟 명
四人	よにん 요닝	네 명	九人	きゅうにん 규닝	아홉 명
五人	ごにん 고닝	다섯 명	十人	じゅうにん 쥬닝	열 명
六人	ろくにん 로꾸닝	여섯 명	何人	なんにん 난닝	몇 명

조수사

~장
셔츠, 종이 등의 얇은 물건을 셀 때

1枚	いちまい 이찌마이	한 장	7枚	しちまい 시찌마이 / ななまい 나나마이	일곱 장
2枚	にまい 니마이	두 장	8枚	はちまい 하찌마이	여덟 장
3枚	さんまい 삼마이	세 장	9枚	きゅうまい 규-마이	아홉 장
4枚	よんまい 욤마이	네 장	10枚	じゅうまい 쥬-마이	열 장
5枚	ごまい 고마이	다섯 장	何枚	なんまい 남마이	몇 장
6枚	ろくまい 로꾸마이	여섯 장			

~자루
연필과 같은 긴 물건을 셀 때

1本	いっぽん 입뽕	한 자루	8本	はちほん 하찌홍 / はっぽん 합뽕	여덟 자루
2本	にほん 니홍	두 자루	9本	きゅうほん 규-홍	아홉 자루
3本	さんぼん 삼봉	세 자루	10本	じゅっぽん 쥽뽕 / じっぽん 집뽕	열 자루
4本	よんほん 욘홍	네 자루	何本	なんぼん 남봉	몇 자루
5本	ごほん 고홍	다섯 자루			
6本	ろっぽん 롭뽕	여섯 자루			
7本	しちほん 시찌홍 / ななほん 나나홍	일곱 자루			

조수사

~개   계란, 사과 등 작은 물건을 셀 때

1個	いっこ 익꼬	한 개	8個	はちこ 하찌꼬		여덟 개
2個	にこ 니꼬	두 개		はっこ 학꼬		
3個	さんこ 상꼬	세 개	9個	きゅうこ 규-꼬		아홉 개
4個	よんこ 용꼬	네 개	10個	じゅっこ 쥭꼬		열 개
5個	ごこ 고꼬	다섯 개		じっこ 직꼬		
6個	ろっこ 록꼬	여섯 개	何個	なんこ 낭꼬		몇 개
7個	ななこ 나나꼬	일곱 개				

~살, 세   나이를 셀 때

1才	いっさい 잇사이	한 살	8才	はっさい 핫사이		여덟 살
2才	にさい 니사이	두 살	9才	きゅうさい 규-사이		아홉 살
3才	さんさい 산사이	세 살	10才	じゅっさい 쥿사이		열 살
4才	よんさい 욘사이	네 살		じっさい 짓사이		
5才	ごさい 고사이	다섯 살	20才	はたち 하따찌		스무 살
6才	ろくさい 록사이	여섯 살		▶ 읽는 법에 주의		
7才	ななさい 나나사이	일곱 살	何才	なんさい 난사이		몇 살

조수사

~마리 — 개, 고양이 등의 작은 동물을 셀 때

1匹	いっぴき 입삐끼	한 마리	7匹	ななひき 나나히끼 일곱 마리
2匹	にひき 니히끼	두 마리	8匹	はっぴき 합삐끼 여덟 마리
3匹	さんびき 삼비끼	세 마리	9匹	きゅうひき 규-히끼 아홉 마리
4匹	よんひき 욘히끼	네 마리	10匹	じゅっぴき 줍삐끼
5匹	ごひき 고히끼	다섯 마리		じっぴき 집삐끼 열 마리
6匹	ろっぴき 롭삐끼	여섯 마리	何匹	なんびき 남비끼 몇 마리

~켤레 — 구두나 양말 등의 물건을 셀 때

1足	いっそく 잇소꾸	한 켤레	7足	ななそく 나나소꾸 일곱 켤레
2足	にそく 니소꾸	두 켤레	8足	はっそく 핫소꾸 여덟 켤레
3足	さんそく 산조꾸	세 켤레	9足	きゅうそく 규-소꾸 아홉 켤레
4足	よんそく 욘소꾸	네 켤레	10足	じゅっそく 줏소꾸
5足	ごそく 고소꾸	다섯 켤레		じっそく 짓소꾸 열 켤레
6足	ろくそく 록소꾸	여섯 켤레	何足	なんぞく 난조꾸 몇 켤레

な형용사

본문에서는 그리 등장하지 않았지만 일본어에서 꼭 다루어야 할 부분이므로 잠시 설명하고 지나가기로 한다.

이 **な형용사**는 형용사처럼 끝 음에 항상 **だ**가 오며 의미상으로는 형용사와 같이 사물의 성질을 나타내나, 명사를 수식할 때에는 어미 ~だ가 ~な로 바뀌기 때문에 **な형용사**라 부르며 이와 맞대어서 형용사는 **い형용사**도 있다. 형용사처럼 항상 **だ**로 끝난다.

な형용사

元気だ 겡끼다	건강하다	好きだ 스끼다	좋아하다
静かだ 시즈까다	조용하다	嫌いだ 기라이다	싫어하다

1 な형용사의 정중표현

な형용사의 어미　　**だ ⇨ です**　　~합니다

元気だ	⇨	元気です (겡끼데스)	건강합니다
静かだ	⇨	静かです (시즈까데스)	조용합니다
好きだ	⇨	好きです (스끼데스)	좋아합니다
嫌いだ	⇨	嫌いです (기라이데스)	싫어합니다

な형용사

2 な형용사의 부정표현

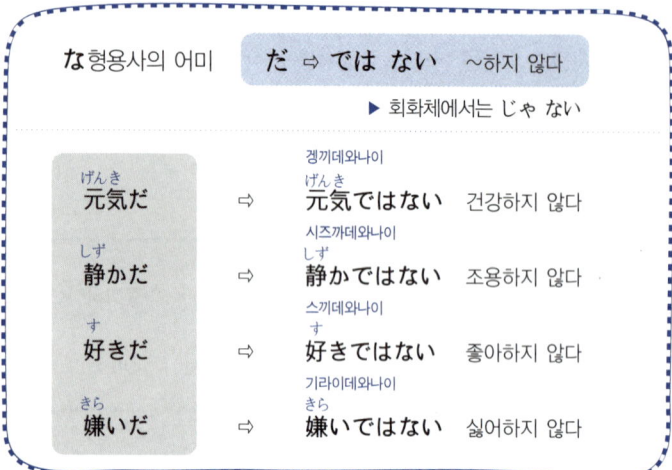

이것을 정중표현으로 바꾸면 다음과 같다.

③ な형용사의 연결형(중지법)

| な형용사의 어미 | だ ⇒ で ~고, ~서 |

元気だ げんき	⇒	元気で 겡끼데 건강하고
静かだ しず	⇒	静かで 시즈까데 조용하고
好きだ す	⇒	好きで 스끼데 좋아하고
嫌いだ きら	⇒	嫌いで 기라이데 싫어하고

④ な형용사의 수식(연체형)

| な형용사의 어미 | だ ⇒ な |

元気だ げんき	⇒	元気な 人 겡끼나 히또 건강한 사람
静かだ しず	⇒	静かな 教室 시즈가나 쿄-시쯔 조용한 교실
好きだ す	⇒	好きな スポーツ 스끼나 스포-츠 좋아하는 스포츠
嫌いだ きら	⇒	嫌いな もの 기라이나 모노 싫어하는 물건

동사의 활용

1 동사

사람이나 사물의 동작, 작용, 존재 등을 표시하는 말로 기본형이 **う단**으로 끝나는 특징을 가지고 있다.

2 동사의 종류

1그룹

- 동사의 기본형이 う우 단으로 끝나는 동사 (5단동사라고도 함)
  동사의 끝이 う우, く쿠, ぐ구, す스, つ쯔, ぬ누, ぶ부, む무, る루로 끝난다.

이우 い **言う** 말하다	이꾸 い **行く** 가다	오요구 およ **泳ぐ** 헤엄치다
하나스 はな **話す** 말하다	다쯔 た **立つ** 서다	시누 し **死ぬ** 죽다
요부 よ **呼ぶ** 부르다	노무 の **飲む** 마시다	마모루 まも **守る** 지키다

2그룹

- 동사의 끝이 る루 로 끝나면서 앞에 い이 단이나 え에 단이 오는 동사
  (い이 단 : 상1단 동사 · え에 단 : 하1단 동사라고도 함)

미루 み **見る** 보다	오끼루 お **起きる** 일어나다	오리루 お **降りる** 내리다
다베루 た **食べる** 먹다	네루 ね **寝る** 자다	야메루 **やめる** 그만두다

단, 다음의 동사들은 2그룹동사의 형태를 띠고 있으나 1그룹동사인 예외 1그룹동사이다.

> 가에루
> かえ
> **帰る** 돌아가다
>
> 하이루
> はい
> **入る** 들어오다
>
> 시루
> し
> **知る** 알다
>
> 기루
> き
> **切る** 자르다
>
> 마지루
> ま
> **交じる** 섞다
>
> 하시루
> はし
> **走る** 달리다

3그룹

> く
> • **来る** 구루 か행 변격, **する** 스루 さ행 변격 의 불규칙 동사
>
> ▶ 단, 2개뿐이다.

3 활용

동사의 변하는 부분어미이 일정한 법칙에 따라 변하는 형태로 6가지 형태가 있다.

> 어간 : 동사의 변하지 않는 부분 활용하지 않는다
> 어미 : 동사의 변하는 부분 활용한다

> **미연형** 부정형 ~하지 않는다, 의지형 ~하겠다 이 해당된다.
> **연용형** 용언(동사・い형용사・な형용사)과 결합하는 형태이다.
> **종지형** 동작이 송료된 형을 밀힌다.
> **연체형** 체언(명사・대명사)과 결합하는 형태를 말한다.
> **가정형** 말 그대로 가정 ~하면 을 표시한다.
> **명령형** 명령 표현 ~해라 을 말한다.

동사의 활용

1그룹동사의 활용

> <ruby>読<rt>よ</rt></ruby>む 읽다

미연형	어미 う단 ⇨		
	あ단 + ない	~하지 않는다	요마나이 **よまない** 읽지 않는다
	お단 + う	~하자, ~하겠다	요모- **よもう** 읽자, 읽겠다
연용형	어미 う단 ⇨		
	い단 + ます	정중표현	요미마스 **よみます** 읽습니다
	て	~하고	▶ て, た, たり가 붙을 경우엔 음편이라는 특수한 현상이 일어난다. 음편현상은 12과 참조
	た	~했다	
	たり	~하기도 하고	
종지형	기본형과 같다.		
연체형	기본형과 같다.		요무도끼 **よむとき** 읽을 때
가정형	어미 う단 ⇨ え단 + ば	~하면	요메바 **よめば** 읽으면
명령형	어미 う단 ⇨ え단	~해라	요메 **よめ** 읽어라

동사의 활용

2그룹동사의 활용

▶ 상1단 동사

見る 보다

미연형	い단 + る ⇨			
	い단 + ない	~하지 않는다	미나이 **みない**	보지 않는다
	い단 + よう	~하자, ~하겠다	미요- **みよう**	보자, 보겠다
연용형	い단 + る ⇨			
	い단 + ます	정중표현	미마스 **みます**	봅니다
종지형	기본형과 같다.			
연체형	기본형과 같다.		미루도끼 **みるとき**	볼 때
가정형	い단 + る ⇨ い단 + れ + ば	~하면	미레바 **みれば**	보면
명령형	어미 う단 ⇨ え단	~해라	미로 **みろ**	봐라

동사의 활용

▶ 하단 동사

やめる 그만두다

미연형	え단 + る ⇨ え단 + ない ～하지 않는다	야메나이 **やめない** 그만 두지 않는다
	え단 + よう ～하자, ～하겠다	야메요- **やめよう** 그만 두자, 그만 두겠다
연용형	え단 + る ⇨ え단 + ます 정중표현	야메마스 **やめます** 그만 둡니다
종지형	기본형과 같다.	
연체형	기본형과 같다.	야메루도끼 **やめるとき** 그만둘 때
가정형	え단 + る ⇨ え단 + れ + ば ～하면	야메레바 **やめれば** 그만 두면
명령형	え단 + る ⇨ え단 + ろ(よ) ～해라	야메로(요) **やめろ(よ)** 그만 둬라

260 우리말로 배우는 **일본어 회화**

동사의 활용

3그룹동사의 활용

来る 오다 / する 하다

미연형
- こない (고나이) 오지 않는다
- こよう (고요-) 오자, 오겠지
- しない (시나이) 하지 않는다
- しよう (시요-) 하자, 하겠다

연용형
- きます (기마스) 옵니다
- します (시마스) 합니다

종지형
기본형과 같다.

연체형
기본형과 같다.
- くるとき (구루도끼) 올 때
- するとき (스루도끼) 할 때

가정형
- くれば (구레바) 오면
- すれば (스레바) 하면

명령형
- こい (고이) 오너라
- しろ, せよ (시로, 세요) 해라

동사의 활용 261

동사의 활용

동사활용표

			미연형(의지형)	연용형
			~ない, ~う	ます
1그룹	買う	사다	かわない・かおう	かいます
	書く	쓰다	かかない・かこう	かきます
	泳ぐ	헤엄치다	およがない・およごう	およぎます
	話す	말하다	はなさない・はなそう	はなします
	立つ	서다	たたない・たとう	たちます
	死ぬ	죽다	しなない・しのう	しにます
	遊ぶ	놀다	あそばない・あそぼう	あそびます
	読む	읽다	よまない・よもう	よみます
	乗る	타다	のらない・のろう	のります
2그룹	見る	보다	みない・みよう	みます
	起きる	일어나다	おきない・おきよう	おきます
	食べる	먹다	たべない・たべよう	たべます
	寝る	자다	ねない・ねよう	ねます
3그룹	来る	오다	こない・こよう	きます
	する	하다	しない・しよう	します

동사의 활용

종지형	연체형 + 체언	가정형 + ば	명령형 ~う
かう	かう	かえば	かおう
かく	かく	かけば	かこう
およぐ	およぐ	およげば	およごう
はなす	はなす	はなせば	はなそう
たつ	たつ	たてば	たとう
しぬ	しぬ	しねば	しのう
あそぶ	あそぶ	あそべば	あそぼう
よむ	よむ	よめば	よもう
のる	のる	のれば	のろう
みる	みる	みれば	みよう
おきる	おきる	おきれば	おきよう
たべる	たべる	たべれば	たべよう
ねる	ねる	ねれば	ねよう
くる	くる	くれば	こい
する	する	すれば	しろ・せよ

ㄱ

가게 미세	店 (みせ)
가격표 네후다	値札 (ねふだ)
가깝다 찌까이	近い (ちか)
가다 이꾸	行く (い)
가득하다 입빠이다	いっぱいだ
가렵다 가유이	かゆい
가루 고나	粉 (こな)
가방 가방	かばん
가볍다 가루이	軽い (かる)
가솔린 가소린	ガソリン
가을 아끼	秋 (あき)
가이드 가이도	ガイド
가족 가조꾸	家族 (かぞく)
가죽 가와	皮 (かわ)
가짜 니세모노	偽物 (にせもの)
가치 네우찌	値うち (ね)
간liver 레바-	レバー
간결하다 강께쯔다	簡潔だ (かんけつ)
간단하다 간딴다	簡単だ (かんたん)
간호원 강고후	看護婦 (かんごふ)
갈색 쨔이로	茶色 (ちゃいろ)
갈아타다 노리까에루	乗り換える (の か)
감각 강까꾸	感覚 (かんかく)
감기 가제	風邪 (かぜ)
값 네당	値段 (ねだん)
강 가와	川 (かわ)
강하다 쯔요이	強い (つよ)
같다 오나지다	同じだ (おな)
같다 히또시-	等しい (ひと)
개 이누	犬 (いぬ)
개인 고징	個人 (こじん)
거리·길 도-리	通り (とお)
거스름돈 오쯔리	お釣り (つ)
거울 가가미	鏡 (かがみ)
거의 호똔도	ほとんど
거절하다 고또와루	断る (ことわ)
거주자 교쥬-샤	居住者 (きょじゅうしゃ)
거짓말 우소	うそ
건강 껭꼬-	健康 (けんこう)
건널목 후미끼리	踏切 (ふみきり)
건물 다떼모노	建物 (たてもの)

건조하다 간소-시따	乾燥した	골동품 곧또-힝	骨董品
걷다 아루꾸	歩く	골프 고루후	ゴルフ
검역소 겡에끼쇼	検疫所	공무원 야꾸닝	役人
검정 / 검다 구로/구로이	黒 / 黒い	공부하다 벵꼬-스루	勉強する
게이트 게-토	ゲート	공손하다 데-네-다	丁寧だ
겨울 후유	冬	공연 고-엥	公演
겨자 가라시	からし	공원 고-엥	公園
결정 겟떼-	決定	공항 구-꼬-	空港
결혼 겟꽁	結婚	과로 가로-	過勞
경마 게-바	競馬	과세 가제-	課税
경찰관 게-사쯔깡	警察官	과일 구다모노	果物
경찰서 게-사쯔쇼	警察署	과자 오까시	お菓子
경치 게시끼	景色	관광 강꼬-	観光
계산하다 게-산스루	計算する	관광버스 강꼬-바스	観光バス
계약(서) 게-약(쇼)	契約(書)	관세 간제-	関税
고기 니꾸	肉	광장 히로바	広場
고려하다 고-료스루	考慮する	교외 고-가이	郊外
고속도로 고-속도-로	高速道路	교차점 고-사뗑	交差点
고장중 고쇼-쮸-	故障中	교환원operator 오페레-타-	オペレーター
고층빌딩building 고-소-비루	高層ビル	교환하나 노리까에루	取り換える
고향 후루사또	ふるさと	교회 교-까이	教会
곧다 맛스구다	まっすぐだ	구급차 규-뀨-샤	救急車

꼭 알아야 할 한·일단어

한국어	일본어 (읽기)	한자	한국어	일본어 (읽기)	한자
구두	구쯔	靴 (くつ)	금발	김빠쯔	金髪 (きんぱつ)
구멍	아나	穴 (あな)	금지하다	긴시스루	禁止する (きんし)
구입하다	고-뉴-스루	購入する (こうにゅう)	기념비	기넹히	記念碑 (きねんひ)
국내	곡나이	国内 (こくない)	기념일	기넴비	記念日 (きねんび)
국적	곡세끼	国籍 (こくせき)	기다리다	마쯔	待つ (ま)
국제	곡사이	国際 (こくさい)	기대하다	기따이스루	期待する (きたい)
굴	가끼	貝 (かき)	기도하다	이노루	祈る (いの)
굴뚝	엔또쯔	煙突 (えんとつ)	기분	기모찌	気持ち (きも)
굽다	야꾸	焼く (や)	기쁘다	우레시-	うれしい
굽다구부러지다	마가루	曲がる (ま)	기숙사	료-	寮 (りょう)
궁전	규-뎅	宮殿 (きゅうでん)	기온	기옹	気温 (きおん)
귀	미미	耳 (みみ)	기입하다	기뉴-스루	記入する (きにゅう)
귀걸이earring	이야링구	イヤリング	기침	세끼	せき
귀중품	기쬬-힝	貴重品 (きちょうひん)	기혼	기꽁	既婚 (きこん)
규칙	기소꾸	規則 (きそく)	기회	기까이	機会 (きかい)
그램	구라무	グラム	기후	기꼬-	気候 (きこう)
그리다	에가꾸	描く (えが)	길다	나가이	長い (なが)
그림	에	絵 (え)	긴급	깅뀨-	緊急 (きんきゅう)
그림엽서	에하가끼	絵はがき (え)	깃	에리	えり
그림책	에홍	絵本 (えほん)	깊다	후까이	深い (ふか)
극장	게끼죠-	劇場 (げきじょう)	잠을깨다	오끼루	起きる (お)
금	깅	金 (きん)	깨닫다	사또루	悟る (さと)

꽃 하나	花 (はな)
꽃집 하나야	花屋 (はなや)
끌다 히꾸	引く (ひ)
끓다 와까스	沸かす (わ)

나라 구니	国 (くに)
나무 기	木 (き)
나쁘다 와루이	悪い (わる)
나이먹다 도시오 도루	年をとる (とし)
낚시질 쯔리	釣り (つ)
날 히	日 (ひ)
날것 나마	生 (なま)
날다 도부	飛ぶ (と)
날씨 뎅끼	天気 (てんき)
날짜 히즈께	日付 (ひづけ)
남성 오또꼬	男 (おとこ)
남기다 노꼬스	残す (のこ)
남쪽 미나미	南 (みなみ)
남편 옫또	夫 (おっと)
낮다 히꾸이	低い (ひく)
냄비 나베	なべ
내과의사 나이까이	内科医 (ないかい)
내리다 오리루	降りる (お)
내의 시따기	下着 (したぎ)
냄새 니오이	臭 (におい)
냅킨 나푸킨	ナプキン
냉수 히야미즈	冷や水 (ひ みず)
냉장고 레-조-꼬	冷蔵庫 (れいぞうこ)
넓다 히로이	広い (ひろ)
넓히다 히로게루	広げる (ひろ)
넥타이 네쿠타이	ネクタイ
노래하다 우따우	歌う (うた)
노력 도료꾸	努力 (どりょく)
노크하다 knock 녹쿠스루	ノックする
녹색 미도리이로	緑いろ (みどり)
농구 basketball 바스켇토보-루	バスケットボール
농부 노-후	農夫 (のうふ)
농장 노-죠-	農場 (のうじょう)
높다 다까이	高い (たか)
눈 메	目 (め)

꼭 알아야 할 한·일단어

한국어	일본어		한국어	일본어
눈썹 마유	眉		대접하다 고찌소-스루	ごちそうする
늦다 시간 오소이	遅い		대학 다이가꾸	大学
			더럽다 기따나이	汚い
			덥다 아쯔이	暑い
			던지다 나게루	投げる
			도기 도-끼	陶器
다른,이외 호까	他		도둑 도로보-	泥棒
다르다 찌가우	違う		도서관 도쇼깡	図書館
다리 아시	足		도움 다스께	助け
다리 하시	橋		도장 항꼬	判こ
다리미 iron 아이롱	アイロン		도착하다 도-쨕스루	到着する
닦다 후꾸	拭く		독자 독샤	読者
단순하다 단준다	単純だ		독특하다 도꾸또꾸다	独特だ
단추 button 보탄	ボタン		돈 오까네	お金
닫다 시메루	閉める		돌아가다 가에루	帰る
달걀 다마고	卵		돕다 다스께루	助ける
달다 아마이	甘い		동물 도-부쯔	動物
닭 니와또리	鶏		동전 coin 코-인	コイン
담배 tabaco 타바코	タバコ		동쪽 히가시	東
대단하다 다이헨다	大変だ		돼지고기 부따니꾸	豚肉
대답하다 고따에루	答える		두껍다 아쯔이	厚い
대사관 다이시깡	大使館		두다 오꾸	置く

268 우리말로 배우는 일본어 회화

두통 즈쯔-	頭痛		마루 유까	床
둥글다 마루이	丸い		마시다 노무	飲む
드레스 도레스	ドレス		마약 마야꾸	麻薬
들어가다 하이루	入る		마요네즈 마요네-즈	マヨネーズ
등 세나까	背中		만나다 아우	会う
등산 도장	登山		만들다 쯔꾸루	作る
디스코 디스코	ディスコ		만족하다 만족스루	満足する
디자인 데자인	デザイン		만지다 후레루	触れる
디저트 데자-토	デザート		많음 닥상	たくさん
따뜻하다 아따따까이	温かい		말하다 하나스	話す
땅 도찌	土地		맛 아지	味
때때로 도끼도끼	時々		맛있다 오이시-	おいしい
떨어뜨리다 오또스	落とす		맞다 아우	合う
			매니큐어 마니큐아	マニキュア
라디오 라지오	ラジオ		맥박 먁하꾸	脈拍
라이터 라이타-	ライター		맥주 beer 비-루	ビール
램프 람푸	ランプ		머리 아따마	頭
로비 로비-	ロビー		머리카락 가미	髪
루즈 구찌베니	口紅		머플러 마후라	マフラ
루트 루-츠	ルーツ			

꼭 알아야 할 한·일단어

먹다 다베루	食べる	묘지 보찌	墓地
멀다 도-이	遠い	무겁다 오모이	重い
멋지다 스바라시-	すばらしい	무게 오모사	重さ
메뉴 메뉴-	メニュー	무대 부따이	舞台
메시지 멧세-지	メッセージ	무릎 히자	ひざ
면도하다 히게오 소루	ひげを そる	무엇 나니	何
면세 멘제-	免税	문 몽	門
명료하다 아끼라까다	明らかだ	문 도	戸
모든 스베떼	すべて	문방구점 붐보-구야	文房具屋
모습 스가따	姿	문제 몬다이	問題
모양 가따찌	形	문화 붕까	文化
모으다 아쯔메루	集める	묻다 다즈네루	尋ねる
모자 보-시	帽子	물 미즈	水
모텔 모테루	モテル	물품 시나모노	品物
모포 모-후	毛布	뮤지컬 뮤-지카루	ミュージカル
모피 게가와	毛皮	미국America 아메리카	アメリカ
목 구비	首	미술관 비쥬쯔깡	美術館
목구멍 노도	喉	미용실 비요-잉	美容院
목걸이necklace 네쿠레스	ネックレス	민예품 밍게-힝	民芸品
목격자 목게끼샤	目撃者	밀다 오스	押す
목적지 목떼끼찌	目的地		
몸 가라다	体		

바다 우미	海
바닥 소꼬	底
바람 가제	風
바쁘다 이소가시-	忙しい
바지 jupon 즈봉	ズボン
박물관 하꾸부쯔깡	博物館
반 함붕	半分
반대 한따이	反対
반바지 pants 판츠	パンツ
반복하다 구리까에스	繰り返す
반지 유비와	指輪
반환하다 헹깐스루	返還する
받다 우께또루	受け取る
발 아시	足
발레 바레	バレー
발코니 바루코니-	バルコニー
발행하다 학꼬-스루	発行する
밝다 아까루이	明るい
밤 요루	夜

방 헤야	部屋
방문하다 오또즈레루	訪れる
방향 호-꼬-	方向
배 후네	船
배구 바레-보-루	バレーボール
배달 하이따쯔	配達
배드민턴 바도민톤	バドミントン
백화점 department 데파-토	デパート
버스 바스	バス
버터 바타-	バター
번호 방고-	番号
번화가 항까가이	繁華街
벌레 무시	虫
벗다 누구	脱ぐ
베개 마꾸라	枕
베이컨 베-콘	ベーコン
벤치 벤치	ベンチ
벨트 베루토	ベルト
벽 가베	壁
변비 벰뻬	便秘
별 호시	星
병 빙	瓶

병[질병] 뵤-끼	病気 (びょうき)	부츠 부-츠	ブーツ
병원 뵤-잉	病院 (びょういん)	북극 홋꾜꾸	北極 (ほっきょく)
보기 흉하다 미니꾸이	みにくい	북쪽 기따	北 (きた)
보내다 오꾸루	送る (おく)	분수 훈스이	噴水 (ふんすい)
보다 미루	見る (み)	분야 붕야	分野 (ぶんや)
보도 호도-	歩道 (ほどう)	분위기 훙이끼	雰囲気 (ふんいき)
보석 호-세끼	宝石 (ほうせき)	분홍색 pink 핑쿠	ピンク
보여주다 미세루	見せる (み)	불다 후꾸	吹く (ふ)
보증하다 호쇼-스루	保証する (ほしょう)	불편하다 후벤다	不便だ (ふべん)
보통 후쯔-	普通 (ふつう)	붕대 호-따이	包帯 (ほうたい)
보험 호껭	保険 (ほけん)	브래지어 브라쟈-	ブラジャー
보호 호고	保護 (ほご)	브랜디 브란데-	ブランデー
복잡하다 후꾸자쯔다	複雑だ (ふくざつ)	브레이크 브레-키	ブレーキ
볼펜 보-루펜	ボールペン	브로치 브로-치	ブローチ
봄 하루	春 (はる)	블라우스 브라우스	ブラウス
봉투 후-또-	封筒 (ふうとう)	비누 섹껭	せっけん
부끄럽다 하즈까시-	恥ずかしい (は)	비상구 히죠-구찌	非常口 (ひじょうぐち)
부드럽다 야와라까이	柔らかい (やわ)	비서 히쇼	秘書 (ひしょ)
부르다 요부	呼ぶ (よ)	비싼 다까이	高い (たか)
부모 료-싱	両親 (りょうしん)	비용 히요-	費用 (ひよう)
부인 쯔마	妻 (つま)	비자 비자	ビザ
부자 가네모찌	金持ち (かねも)	비행기 히꼬-끼	飛行機 (ひこうき)

빈혈 힝께쯔	貧血	살다 스무	住む
빌다 가리루	借りる	상세하다 구와시-	詳しい
빌리다 가스	貸す	상아 조-게	象牙
빗 구시	くし	상의 우와기	上着
빠르다 하야이	速い	상인 쇼-닝	商人
빨강 아까	赤	상점 하꼬	箱
빨리 하야꾸	速く	상처 게가	けが
빵 팡	パン	상품 쇼-힝	商品
빵집 팡야	パン屋	새 도리	鳥
		새롭다 아따라시-	新しい
		새우 에비	えび
		색깔 이로	色
		샌드위치 산도읻치	サンドイッチ
사건 지껭	事件	샐러드 사라다	サラダ
사고 지꼬	事故	샐러리맨 사라리-망	サラリーマン
사과 링고	りんご	생각하다 오모-	思う
사과하다 아야마루	謝る	생략하다 하부꾸	省く
사다 가우	買う	생일 단죠-비	誕生日
사무소 지무쇼	事務所	생활 세-까쯔	生活
사용하다 쯔까우	使う	샤워 샤와-	シャワー
사진 샤싱	写真	샴페인 샴펜	シャンペン
산 야마	山	샴푸 샴푸-	シャンプー

꼭 알아야 할 한·일단어 273

서다 다쯔	立つ
서명 쇼메-	署名
서비스 사-비스	サービス
서핑 사-휭	サーフィン
선금 마에낑	前金
선명하다 아자야까다	鮮やかだ
선물 오미야게	お土産
선반 다나	棚
선택하다 에라부	選ぶ
설명 세쯔메-	説明
설사 게리	げり
설치 셋찌	設置
설탕 사또-	砂糖
성 시로	城
성공 세-꼬-	成功
성냥 match 맛치	マッチ
성별 세-베쯔	性別
성인 오또나	大人
세계 세까이	世界
세관 제-깡	税関
세우다 다떼루	建てる
세탁 쿠리-닝구	クリーニング
셀프서비스 세루후사-비스	セルフサービス
셔츠 샤츠	シャツ
셔터 샫타-	シャッター
소 우시	牛
소개 쇼-까이	紹介
소고기 규-니꾸	牛肉
소금 시오	塩
소매 소데	袖
소매치기 스리	すり
소방서 쇼-보-쇼	消防署
소스 소-스	ソース
소시지 소-세-지	ソーセージ
소파 소화-	ソファー
소포 고즈쯔미	小包
속달 속따쯔	速達
속하다 족스루	属する
손 데	手
손가락 유비	指
손님 갸꾸	客
손목 데꾸비	手首
손바닥 데노히라	てのひら
솔 brush 브라시	ブラシ

274 우리말로 배우는 일본어 회화

쇼 쇼-	ショー	스위치 스읯치	スイッチ
쇼핑 가이모노	買物	스윙 스잉구	スイング
숄더 백 쇼루다-박구	ショルダーバック	스카프 스카-후	スカーフ
수 가즈	数	스커트 스카-토	スカート
수리 슈-리	修理	스케이트 스케-토	スケート
수면 스이밍	睡眠	스키 스키-	スキー
수수료 데스-료-	手数料	스타디움 스타지아무	スタジアム
수술 슈쥬쯔	手術	스타킹 스톡킹구	ストッキング
수염 히게	ひげ	스테이크 스테-키	ステーキ
수영 스이에-	水泳	스튜어디스 스츄와-데스	スチュワーデス
수영복 미즈기	水着	스트레스 스토레스	ストレス
수영장pool 푸-루	プール	스파게티 스파겐티	スパゲッティ
수예품 슈게-힝	手芸品	스포츠 스포-츠	スポーツ
수족관 스이족깡	水族館	슬프다 가나시-	悲しい
수표 고깃떼	小切手	승객 죠-꺄꾸	乗客
수프 스-프	スープ	승마 죠-바	乗馬
수하물 데니모쯔	手荷物	시 시	市
숙녀 슈꾸죠-	淑女	시각표 지꼬꾸효-	時刻表
슈트케이스 스-츠케-스	スーツケース	시간 지깡	時間
슈퍼마켓super 스-파-	スーパー	시계 도께-	時計
스낵 스낙쿠	スナック	시끄럽다 우루사이	うるさい
스웨터 세-타-	セーター	시원하다 스즈시-	涼しい

시장	이찌바	市場(いちば)
시차	지사	時差(じさ)
시청	시야쿠쇼	市役所(しやくしょ)
식기	쇽끼	食器(しょっき)
식당	쇼꾸도-	食堂(しょくどう)
식료품	쇼꾸료-힝	食料品(しょくりょうひん)
식료품점	쇼꾸료-힌뗑	食料品店(しょくりょうひんてん)
식물원	쇼꾸부쯔엥	植物園(しょくぶつえん)
식사	쇼꾸지	食事(しょくじ)
식중독	쇼꾸아따리	食(しょく)あたり
신고	싱꼬꾸	申告(しんこく)
신랑	신로-	新郎(しんろう)
신문	심붕	新聞(しんぶん)
신분증명서	미붕쇼-메-쇼	身分証明書(みぶんしょうめいしょ)
신청	모-시꼬미	申(もう)し込(こ)み
신호기	싱고-끼	信号機(しんごうき)
실패	십빠이	失敗(しっぱい)
실천	짓셍	実践(じっせん)
실크	시루쿠	シルク
심장	신조-	心臓(しんぞう)
심하다	히도이	ひどい
싸다(포장하다)	쯔쯔무	包(つつ)む
싸다	야스이	安(やす)い
쌀	고메	米(こめ)
쓰다	가꾸	書(か)く
쓰레기통	고미바꼬	ゴミ箱(ばこ)
쓰다	니가이	苦(にが)い
씻다	아라우	洗(あら)う
아는 사람	시리아이	知(し)り合(あ)い
아마도	다붕	たぶん
아버지	지찌	父(ちち)
아스피린	아스피린	アスピリン
아이스크림	아이스쿠리무	アイスクリム
아침식사	쵸-쇼꾸	朝食(ちょうしょく)
아프다	이따이	痛(いた)い
악세사리	아쿠세사리-	アクセサリー
악수하다	악슈스루	握手(あくしゅ)する
안경	메가네	眼鏡(めがね)
안내	안나이	案内(あんない)
안약	메구스리	眼薬(めぐすり)

안전 안젱	安全(あんぜん)	어린이 고도모	子供(こども)
앉다 스와루	座る(すわ)	어머니 하하	母(はは)
알다 시루	知る(し)	어휘 고이	語彙(ごい)
알레르기 아레루기-	アレルギー	언어 겡고	言語(げんご)
알리다 시라세루	知らせる(し)	얼굴 가오	顔(かお)
암 강	癌(がん)	얼다 고오루	凍る(こお)
야구 야뀨-	野球(やきゅう)	얼마 이꾸라	いくら
야채 야사이	野菜(やさい)	얼음 고-리	氷(こおり)
약 구스리	薬(くすり)	에스컬레이터 에스카레-타-	エスカレーター
약국 구스리야	薬屋(くすりや)	엘리베이터 에레베-타-	エレベーター
약속 약소꾸	約束(やくそく)	여관 료깡	旅館(りょかん)
약하다 요와이	弱い(よわ)	여권passport 파스포-토	パスポート
얇다 우스이	薄い(うす)	여성 죠세-	女性(じょせい)
양 료-	量(りょう)	여행 료꼬-	旅行(りょこう)
양말 구쯔시따	革下(くつした)	여행사 료꼬-샤	旅行社(りょこうしゃ)
양배추cabbage 캬베쯔	キャベツ	여행자 료꼬-샤	旅行者(りょこうしゃ)
양복점 요-후꾸야	洋服屋(ようふくや)	여행자수표traveler's check 토라베라-즈쳌쿠	トラベラーズチェック
양상추lettuce 레타스	レタス		
양파 다마네기	玉ねぎ(たま)	여행하다 료꼬-스루	旅行する(りょこう)
어깨 가따	肩(かた)	역 에끼	駅(えき)
어둡다 구라이	暗い(くら)	역사적이다 레끼시떼끼다	歴史的だ(れきしてき)
어렵다 무즈까시-	難しい(むずか)	연극 엥게끼	演劇(えんげき)

한국어	일본어		한국어	일본어
연기하다 엥기스루	演技する(えんぎ)		오른쪽 미기	右(みぎ)
연락 렌라꾸	連絡(れんらく)		오버 코트 오-바-코-토	オーバーコート
연장하다 엔쬬-스루	延長する(えんちょう)		오페라 오페라	オペラ
열 네쯔	熱(ねつ)		온천 온셍	温泉(おんせん)
열다 아께루	開ける(あ)		올리다 아게루	上げる(あ)
열쇠 가기	鍵(かぎ)		옷 후꾸	服(ふく)
열차 렛샤	列車(れっしゃ)		외국인 가이꼬꾸징	外国人(がいこくじん)
염소 야기	山羊(やぎ)		외부 가이부	外部(がいぶ)
엽서 하가끼	葉がき(は)		외화 가이까	外貨(がいか)
영사관 료-지깡	領事館(りょうじかん)		왼쪽 히다리	左(ひだり)
영수증 receipt 레시-토	レシート		요금 료-낑	料金(りょうきん)
영향 에-꾜-	影響(えいきょう)		요리 료-리	料理(りょうり)
영화 에-가	映画(えいが)		요일 요-비	曜日(ようび)
영화관 에-가깡	映画館(えいがかん)		요트 욧토	ヨット
옆 요꼬	横(よこ)		욕실 욕시쯔	浴室(よくしつ)
예쁘다 기레-다	きれいだ		용기 유-끼	勇気(ゆうき)
예술 게-쥬쯔	芸術(げいじゅつ)		우체국 유-빙꾜꾸	郵便局(ゆうびんきょく)
예약 요야꾸	予約(よやく)		우편 유-빙	郵便(ゆうびん)
예정 요떼-	予定(よてい)		우표 깃떼	切手(きって)
오래되다 후루이	古い(ふる)		운동 운도-	運動(うんどう)
오렌지 오렌지-	オレンジー		운전 운뗑	運転(うんてん)
오르다 노보루	登る(のぼ)		웃다 와라우	笑う(わら)

웨이터 웨이타-	ウェイター
웨이트리스 웨이토레스	ウェイトレス
위 이	胃
위대하다 이다이다	偉大だ
위스키 위스키-	ウィスキー
위치 이찌	位置
위험 기껭	危険
유람 유-랑	遊覧
유리컵glass 구라스	グラス
유명하다 유메-다	有名だ
유원지 유-엔찌	遊園地
유적 이세끼	遺跡
은 깅	銀
은행 깅-꼬-	銀行
은행원 깅꼬-잉	銀行員
음료 노미모노	飲み物
음악 옹가꾸	音楽
응원 오-엥	応援
의미 이미	意味
의사 이샤	医師
의자 이스	椅子
이기다 가쯔	勝つ
이동하다 이도-스루	移動する
이름 나마에	名前
이발 리하쯔	理髪
이발소 도꼬야	床屋
이빨 하	歯
이쑤시개 요-지	楊枝
이야기 하나시	話
이해하다 리까이스루	理解する
인공 징꼬-	人工
인상 인쇼-	印象
인형 닝교-	人形
일 시고또	仕事
일방통행 입뽀-쯔-꼬-	一方通行
일어나다 오끼루	起きる
일용품 니찌요-힝	日用品
일출 히노데	日の出
읽다 요무	読む
입 구찌	口
입구 이리구찌	入り口
입국 뉴-꼬꾸	入国
입다 기루	着る
입장 뉴-죠-	入場

꼭 알아야 할 한·일단어 **279**

ㅈ

자동차 지도-샤	自動車 (じどうしゃ)
자동판매기 지도-함바이끼	自動販売機 (じどうはんばいき)
자르다 기루	切る (きる)
자전거 지뗀샤	自転車 (じてんしゃ)
자장가 고모리우따	子守歌 (こもりうた)
작다 찌-사이	小さい (ちいさい)
잔돈 고제니	小銭 (こぜに)
잠옷 pajamas 파쟈마	パジャマ
잠자다 네무루	眠る (ねむる)
잡다 도루	取る (とる)
잡지 잣시	雑誌 (ざっし)
장갑 데부꾸로	手袋 (てぶくろ)
장난감 오모쨔	おもちゃ
장소 바쇼	場所 (ばしょ)
재난 사이낭	災難 (さいなん)
재떨이 하이자라	灰皿 (はいざら)
재료 자이료-	材料 (ざいりょう)
재즈 쟈즈	ジャズ
잼 쟈므	ジャム
쟁반 봉	盆 (ぼん)
저녁식사 유-쇼꾸	夕食 (ゆうしょく)
적당하다 데끼또-다	適当だ (てきとうだ)
전시 덴지	展示 (てんじ)
전지 덴찌	電池 (でんち)
전화 뎅와	電話 (でんわ)
전화번호부 뎅와쬬-	電話帳 (でんわちょう)
절약 세쯔야꾸	節約 (せつやく)
젊다 와까이	若い (わかい)
점원 뎅잉	店員 (てんいん)
접시 사라	皿 (さら)
정류장 데-류-죠-	停留場 (ていりゅうじょう)
정말이다 혼또-다	本当だ (ほんとうだ)
정보 죠-호-	情報 (じょうほう)
정상 죠-죠-	頂上 (ちょうじょう)
정식 데-쇼꾸	定食 (ていしょく)
정원 니와	庭 (にわ)
정육점 니꾸야	肉屋 (にくや)
정직하다 쇼-지끼다	正直だ (しょうじきだ)
정치 세-지	政治 (せいじ)
정확하다 세-까꾸다	正確だ (せいかくだ)
젖다 누레루	濡れる (ぬれる)

제안 데-앙	提案(ていあん)	쥬스 쥬-스	ジュース
제외하다 노조꾸	除(のぞ)く	주차 쮸-샤	駐車(ちゅうしゃ)
제한 세-겡	制限(せいげん)	준비 쥼비	準備(じゅんび)
조각 쬬-꼬꾸	彫刻(ちょうこく)	중국 쥬-고꾸	中国(ちゅうごく)
조금 스꼬시	少(すこ)し	중세 쥬-세-	中世(ちゅうせい)
조깅 조깅구	ジョギング	중요하다 쥬-요-다	重要(じゅうよう)だ
조미료 쬬-미료-	調味料(ちょうみりょう)	즐기다 다노시무	樂(たの)しむ
조수 죠슈	助手(じょしゅ)	증명서 쇼-메-쇼	証明書(しょうめいしょ)
조용하다 시즈까다	静(しず)かだ	증상 쇼-죠-	症状(しょうじょう)
조작 소-사	造作(そうさ)	지갑 사이후	財布(さいふ)
조정 쬬-세-	調整(ちょうせい)	지구 찌뀨-	地球(ちきゅう)
좁다 세마이	狭(せま)い	지도 찌즈	地図(ちず)
종류 슈루이	種類(しゅるい)	지름길 찌까미찌	近道(ちかみち)
종이접시 가미자라	紙皿(かみざら)	지방 찌호-	地方(ちほう)
종이컵 가미콥푸	紙(かみ)コップ	지배인 시하이닝	支配人(しはいにん)
좋다 요이	よい	지불하다 시하라우	支払(しはら)う
좌석 자세끼	座席(ざせき)	지식 찌시끼	知識(ちしき)
주 슈-	週(しゅう)	지역 찌이끼	地域(ちいき)
주다 아따에루	与(あた)える	지위 찌이	地位(ちい)
주류 슈루이	酒類(しゅるい)	지진 지싱	地震(じしん)
주문 쮸-몽	注文(ちゅうもん)	지폐 시헤-	紙幣(しへい)
주소 쥬-쇼	住所(じゅうしょ)	지하 찌까	地下(ちか)

한국어	발음	일본어
직업	쇼꾸교-	職業
진실	신지쯔	真実
진열	찐레쯔	陳列
진주	신쥬	真珠
진찰	신사쯔	診察
진통제	찐쯔-자이	鎮痛剤
질	시쯔	質
질문	시쯔몽	質問
집	이에	家
짙다	고이	濃い
짧다	미지까이	短かい

한국어	발음	일본어
차다	쯔메따이	冷たい
찬성하다	산세-스루	賛成する
창문	마도	窓
찾다	사가스	探す
책	홍	本
천천히	육꾸리	ゆっくり
철도	데쯔도-	鉄道
청결하다	세-께쯔다	清潔だ
청구서	세-뀨-쇼	請求書
청년	세-넹	青年
청량음료	세-료-인료-	清涼飲料
청소	소-지	掃除
초대	쇼-따이	招待
초콜렛	쵸코레-토	チョコレート
최근	사이낑	最近
최대	사이다이	最大
최소	사이쇼-	最小
최후	사이고	最後
추가	쯔이까	追加
추억	오모이데	思い出
춥다	사무이	寒い
축제	마쯔리	祭
축하하다	이와우	祝う
출구	데구찌	出口
출국카드	슈꼬꾸카-도	出国カード
출발	슙빠쯔	出発
출입국	슈쯔뉴-꼬꾸	出入国
출장	슛쵸-	出張
춤	오도리	踊り

충분하다 쥬-분다	十分だ
취미 슈미	趣味
취소 도리께시	取り消し
치료하다 찌료-스루	治療する
치즈 치-즈	チーズ
치통 시쯔-	歯痛
친절하다 신세쯔다	親切だ
침대 신다이	寝台
칫솔 하부라시	歯ブラシ

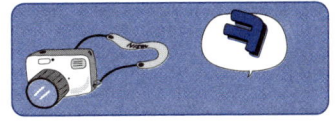

카드 카-도	カード
카메라 카메라	カメラ
카지노 카지노	カジノ
카바레 캬바레-	キャバレー
커피 코-히-	コーヒー
컵 콥푸	コップ
케이블카 케-부루카-	ケーブルカー
케익 케-키	ケーキ
케첩 케챺푸	ケチャップ

코 하나	鼻
코드 코-도	コード
코트 코-토	コート
콘서트 콘사-토	コンサート
콜렉트콜 코레쿠토코-루	コレクトコール
쾌적하다 카이떼끼다	快適だ
크기 오-끼사	大きさ
크레디트카드 쿠레짇토카-도	クレジットカード
크림 쿠리-무	クリーム
큰딸 쵸-죠	長女
큰아들 쵸-낭	長男
큰집 홍께	本家
클럽 쿠라부	クラブ

타다 노루	乗る
타월 타오루	タオル
탈것 노리모노	乗り物
탑tower 타와-	タワー
탑승 도-죠-	搭乗

꼭 알아야 할 한·일단어 283

탑승권	도-죠-껭	搭乗券
택시	탁시-	タクシー
테니스	테니스	テニス
텐트	텐토	テント
텔레비젼	테레비	テレビ
토마토	토마토	トマト
토스트	토-스토	トースト
토하다	하꾸	吐く
통과	쯔-까	通過
통로	쯔-로	通路
통화	쯔-까	通貨
특별하다	도꾸베쯔다	特別だ
튼튼하다	죠-부다	丈夫だ
티-셔츠	티-샤츠	ティーシャツ
티켓	치켇토	チケット
팁	칩푸	チップ

파랗다	아오이	青い
파이	파이	パイ
파티	파-티-	パーティー
판매	함바이	販売
팔꿈치	히지	ひじ
팔다	우루	売る
팔찌 bracelet	부레스렏토	ブレスレット
패션	홧숀	ファッション
팸플릿	팜후렏토	パンフレット
퍼레이드	파레-도	パレード
퍼머	파-마	パーマ
퍼즐	파즈루	パズル
편리하다	벤리다	便利だ
포도주 wine	와인	ワイン
포장하다	호-소-스루	包装する
포켓	포켇토	ポケット
포크	훠-쿠	フォーク
포함하다	후꾸무	含む
표현하다	효-겐스루	表現する

풀 구사	草 (くさ)
프론트 후론토	フロント
프로그래머 프로그라마-	プログラマー
프로그램 프로구라무	プログラム
피 찌	血 (ち)
피로연 히로-엥	披露宴 (ひろうえん)
피로하다 쯔까레루	疲れる (つかれる)
피부 하다	肌 (はだ)
피자 피자	ピザ
피하다 사께루	避ける (さける)
필기 힉끼	筆記 (ひっき)
필름 휘루무	フィルム
필요 히쯔요-	必要 (ひつよう)

항공편 고-꾸빙	航空便 (こうくうびん)
항구 미나또	港 (みなと)
해 도시	年 (とし)
해안 가이강	海岸 (かいがん)
해열제 게네쯔자이	解熱剤 (げねつざい)
햄 하무	ハム
행운 시아와세	幸せ (しあわせ)
향수 고-스이	香水 (こうすい)
허가 교까	許可 (きょか)
헤엄치다 오요구	泳ぐ (およぐ)
헤어스타일 헤아스타이루	ヘアスタイル
현금 겡낑	現金 (げんきん)
현기증 메마이	目まい (め)
현지 겐찌	現地 (げんち)
혈압 게쯔아쯔	血圧 (けつあつ)
호텔 호테루	ホテル
홍차 고-짜	紅茶 (こうちゃ)
화려하다 하나야까다	華やかだ (はな)
화면 가멩	画面 (がめん)
화산 가상	火山 (かざん)
화상 야께도	やけど
화장실 toilet 토이레	トイレ

하다 스루	する
하얗다 시로이	白い (しろい)
한가운데 만나까	真ん中 (まなか)
한가하다 히마다	暇だ (ひま)
할인 와리비끼	割引 (わりびき)

화장품	게쇼-힝	化粧品 (けしょうひん)
화재	가지	火事 (かじ)
확인	가꾸닝	確認 (かくにん)
환율	가와세레-토	為替レート (かわせレート)
환전소	료-가에쇼	両替所 (りょうがえしょ)
회복	가이후꾸	回復 (かいふく)
회사	가이샤	会社 (かいしゃ)
회상하다	오모이다스	思い出す (おもいだす)
회색	하이이로	灰色 (はいいろ)
회의	가이기	会議 (かいぎ)
회화	가이와	会話 (かいわ)
효과	고-까	効果 (こうか)
후회하다	고-까이스루	後悔する (こうかいする)
훌륭하다	립빠다	立派だ (りっぱだ)
휴가	규-까	休暇 (きゅうか)
휴게실	규-께-시쯔	休憩室 (きゅうけいしつ)
휴대전화	게-따이뎅와	携帯電話 (けいたいでんわ)
휴식	야스미	休み (やすみ)
휴양지	규-요-찌	休養地 (きゅうようち)
휴일	규-지쯔	休日 (きゅうじつ)
휴지 toilet paper	토이렡토페-파-	トイレットペーパー
흐림	구모리	曇り (くも)
흡연하다	기쯔엔스루	喫煙する (きつえんする)
흥미	쿄-미	興味 (きょうみ)
희망	기보-	希望 (きぼう)

(주) 동인랑이 만든 일본어

www.donginrang.co.kr

4×6배판 / 224쪽 / Tape 3개
부록 일본어 가나쓰기본

싱싱 일본어 첫걸음

24시간 동영상 무료 강의!

학원 갈 필요없다!
혼자서 언제 어디서나 OK!

- 동영상으로 혼자서 손쉽게 일본어의 기초를 다진다!
- 생생한 100% 일본 현지 사진!
- 일본에서도 확실히 살아갈 수 있는 본문 내용!
- 바로바로 쓸 수 있는 기본문형과 다양한 예문!

4×6판 / 224쪽 / Tape 2개

뉴밀레니엄 일본어 회화

우리말로 발음을 표기해서 쉽다!

- 발음부터 기본회화, 간단한 문법, 그리고 문화에 대한 정보까지!
- 실생활에 바로 쓰이는 살아있는 대화문!
- 문장에 꼭 필요한 유용한 단어 수록!

국반판 / 272쪽

왕초짜 여행 일본어

처음 해외여행을 떠나는 분들을 위한
왕초짜 여행회화!

- 일본여행시 꼭 필요한 문장들만 수록 우리말 발음이 있어 편리!
- 상황에 따라 쉽게 골라 쓰는 여행회화!
- 도움되는 활용어휘, 한·일 단어장!
- 휴대하기 편한 포켓 사이즈!

저자 한정화
녹음 오오이 히데아키 · 스즈키 미치코

1판 1쇄 2008년 4월 10일
발행인 송운하　　　　　**발행처** (주)동인랑
책임편집 김인숙　　　　**내지디자인** 김혜경 · 김라임
표지디자인 김라임　　　**인쇄** 삼덕정판사

130-872
서울시 동대문구 회기동 60-110

대표전화 02-967-0700
팩시밀리 02-967-1555
출판등록 제 6-0406호

ISBN 978-89-7582-483-8

 ©2008, Donginrang Co., Ltd.

All right reserved. No part of this book or audio cassettes
may be reproduced or transmitted in any form or by any means,
without permission in writing from the publisher.

 인터넷의 세계로 오세요.

www.donginrang.co.kr　webmaster@donginrang.co.kr

(주)동인랑에서는 참신한 외국어 원고를 모집합니다.

잘못된 책은 교환해 드립니다.